Biblioteca de Filosofía del Derecho

Carlos Alarcón Cabrera
(Director)

Carlos Antonio Agurto Gonzáles
Sonia Lidia Quequejana Mamani
(Coordinadores Generales)

Piero Calamandrei

DE LAS BUENAS RELACIONES ENTRE LOS JUECES Y ABOGADOS EN EL NUEVO PROCESO CIVIL

Ediciones Olejnik

DE LAS BUENAS RELACIONES ENTRE LOS JUECES Y ABOGADOS EN EL NUEVO PROCESO CIVIL

© Ediciones Olejnik
Huérfanos 611, Santiago-Chile
E-mail: contacto@edicionesolejnik.com
Web site: http://www.edicionesolejnik.com

ISBN: 978-956-392-067-3

Diseño de Carátula: Ena Zúñiga
Diagramación: Janett Ruiz Rebaza

Impreso en Argentina 2018 Printed in Argentina

Índice

Prólogo

Piero Calamandrei nació en Florencia (Firenze), en el norte medio de Italia (cuna de Dante Alighieri, Leonardo Da Vinci, Maquiavelo), el 21 de abril de 1889 y murió el 27 de setiembre de 1956, a la edad de 67 años (muriendo relativamente joven debido a complicaciones de una cirugía) por lo que su trayectoria se desarrolla en la primera mitad de Siglo XX.

Fue un político, periodista y sobre todo un gran jurista, considerado como uno de los padres de la Constitución italiana de 1948 que, como se aprecia, es posterior al contexto político del fascismo que impregnó a Italia (debido a la culminación de la Segunda Guerra Mundial).

Se recibió de abogado en Pisa en 1912 (discípulo de Giuseppe Chiovenda), en 1915 fue nominado por concurso público profesor de derecho procesal civil en la Universidad de Messina, lo que demuestra su alta capacidad del conocimiento del derecho procesal civil a la temprana edad de 26 años; en 1918 fue llamado a la Universidad de Modena, en 1920 a la de Siena y en 1924 a la nueva Facultad de Derecho de Florencia, donde tuvo hasta su muerte la cátedra de derecho procesal civil, situación poco común pero que demuestra su compromiso con la enseñanza del derecho hasta su último día.

Como todo joven en la época de la Primera Guerra Mundial participó en ella y lo hizo como oficial voluntario combatiente del 218° regimiento de infantería; empezando la guerra con el grado de capitán y fue sucesivamente promovido hasta teniente coronel.

Poco después de la instauración del fascismo fue parte del consejo directivo de la «Unión Nacional» fundada por Giovanni Amendola (asesinado por los "camisas negras"), de corte antifascista liberal y de igual modo colaboró con revistas del mismo corte y no se dejó convencer ni en cartas o anuncios indirectamente a favor del fascismo como gobierno.

Junto con Francesco Carnelutti y Enrico Redenti fue uno de los principales inspiradores del Código de Procedimiento Civil de 1940 (*Codice di Procedura Civile*) y participó activamente en los trabajos parlamentarios como integrante de la *Junta delle elezioni* de la comisión de investigación y de la Comisión para la Constitución, con lo cual se aprecia que sus conocimientos no se circunscribían a un plano del derecho procesal civil, sino llegando al plano constitucional.

Fue Director del Instituto de derecho procesal comparado de la Universidad de Florencia, director con Francesco Carnelutti de la «Revista de derecho procesal», con Finzi, Lessona e Paoli de la revista «El Foro toscano» y con Alessandro Levi del «Comentario sistemático de la Constitución italiana», y en abril de 1945 fundó la revista político-literaria «El Puente», con lo cual se advierte que no era un purista dogmático sino que se encuentra en él un jurista inderdisciplinario y polifacético.

Como se puede apreciar no solo fue un activo académico sino que dio el paso para coadyuvar a concretar sus ideas a nivel legislativo y nivel doctrinario, ideas lúcidas necesitadas en épocas fascistas y postfascistas.

En el plano de la producción jurídica algunas de sus obras más profundas las concluyó rondando los 25 años de edad; no obstante, la obra aquí presentada es la publicada en 1941: "*Delle buone relazioni fra i giudici e gli avvocati nel nuovo precesso civile: due dialoghi*", cuando el jurista tenía 52 años de edad.

Si bien todas las obras del jurista tienen un gran aporte a la cultura jurídica, ésta obra tiene la peculiaridad de explicarte la justicia y el proceso civil a través del teatro…

En efecto, aquí no se trata de una explicación teoría o el citado de casuística, sino la conjunción de diversas perspectivas respecto a la justicia y su alcance a través del proceso civil, visto desde 7 personajes:

El ingenuo, que es un ciudadano que realiza actividades privadas, con sus negocios, y que aprovechando la confianza de años con el resto de personajes, les realiza preguntas sobre la justicia en atención al nuevo proceso civil.

Como se puede apreciar, esta es la posición de los justiciables, de todos los que no profesan la carrera de abogado, quienes no conocen el tema pero muestran preocupación por ello ya que son quienes reciben los efectos de las sentencias

El teórico, que recae en el profesor de derecho, quien tiene el bagaje de conocimientos en base a la legislación y la doctrina, que analiza la realidad procesal pero no actúa en ella.

Los prácticos: Dos jueces y dos abogados litigantes, que tienen apreciaciones del proceso civil y la justicia según la experiencia que han vivido desde los dos lados del proceso, que ha formado sus pensamientos, sea de corte negativo o positivo.

Muchos que lean está obra se podrán seguramente identificar con alguno de estos cuatro personajes y sus vivencias en los tribunales, es más, teniendo en cuenta la situación actual de las peripecias procesales marcada en los tribunales nacionales, podrá recordar experiencias que superarían lo narrado por estos personajes.

Asimismo, si lo extrapolamos a nuestro proceso civil advertirá el lector que varias situaciones abordadas en el libro ocurren en nuestros días (¡y eso que la obra se escribió hace 75 años!).

Más aún, en temas de corrupción que se inicia con los abogados "al paso" en complicidad con los tramitadores, vigilantes y secretarios de mesa de partes y asistente de juzgado, dando servicio a cualquiera: sea victimarios o víctimas.

Por último, está el filósofo, que es una persona que observa y analiza la conversación de los demás personajes de forma silenciosa salvo una vez y podría decirse que tiene la posición que Ud. tiene estimado lector....En efecto, el brillante Calamandrei, como muestra de su lado literario gracias a su condición de periodista, reserva un papel en su obra teatral de corte jurídico al lector, para que asuma el papel del filósofo, el que escucha de manera presencial al coloquio realizado por el resto de personajes, siendo entonces querido lector el sétimo personaje, a quien se le invita aceptar el papel.

Se ha señalado que el tema de conversación es la justicia y el proceso civil, pero ¿en qué contexto socio jurídico conversan?. Conversan con ocasión de la expedición del nuevo código de procedimientos civiles italiano (1940), y sus expectativas de mejorar el estado de los procesos judiciales.

Empieza el Dialogo 1 con el ingenuo (ciudadano) que aprovecha la reunión de viejos amigos para que le respondan con la confianza que brinda la amistad (sin pelos en la lengua) narrando previamente sus peripecias que tuvo cuando ingenuamente (de ahí lo de "ingenuo" demandó a un proveedor, y su sorpresa negativa de que todo se comunicara por escrito y no oralmente.

Frente a ello, tanto los jueces y abogados se echan la culpa mutuamente respecto a la dilación del proceso por causa de los escritos en papel presentados y no ser orales, mientras que el teórico plantea como solución la vigencia del nuevo Código de Procedimientos Civiles, y más que defectos de los jueces y abogados se trata de un defecto de la ley.

Estimado lector como puede apreciar, está discusión resulta vigente al día de hoy, en la cual nuestro proceso civil se rige por un juicio basado en escritos y muy poco se usa la oralidad, a diferencia del proceso penal que está en pleno proceso de implementación de la oralidad, para reducir el plazo del proceso y evitar leguleyadas, que supone un cambio de cultura.

Es por ello que resulta de imprescindible lectura el dialogo generado en la cual se efectúa un encuentro de ideas contrapuestas, de defensa, de ataque, de forma directa o alegórica, con la más amplia confianza no muy vista entre jueces, abogados litigantes y justiciable, lo cual resulta muy importante saber para tener un mejor conocimiento de lo que realmente significa el proceso judicial.

Pero no solo se basa en críticas respecto al papel del juez y al abogado litigante y la mea culpa que pueda hacerse respecto a su falta de "dialogo" que ambos tienen cuando están dentro un proceso, que podría fácilmente calzar en nuestro coyuntura judicial, sino que también se plantea un análisis respecto a posibles soluciones, a la luz de la emisión de su nuevo Código de Procedimientos Civiles, que nuestro Código actual ha tomado en varios aspectos de forma indirecta.

En efecto, en el Dialogo 2, parte de tratar de sostener una buena relación entre los jueces y abogados, en base al nuevo Código de Procedimientos Civiles, y de ahí el nombre del libro, porque aquí se trata de delimitar la cooperación entre ambos sujetos sin afectar la imparcialidad del juez, y esto es el punto central de la obra presenta.

Así, se plantea la explicación del "otrora" nuevo Código respecto a conectar al juez con los abogados, hecho que actualmente resulta necesario, y no que exista una muralla de Berlín entre ambos sujetos del proceso. En tal contexto, es el "teórico" quien toma la posta central de la conversación y en donde aprenderemos a encontrar las respuestas que necesitamos los abogados para poder llevar a cabo un proceso en concordancia con el ritmo del juez.

En consecuencia, de lo indicado, existen razones más que suficientes para considerar está obra un ejemplo excelente que combina derecho y literatura, con plena vigencia hoy en día, que trasciende la época en la que fue escrita, y que invita al lector a sumarse a estos diálogos, asumiendo el papel del filósofo, o quizás, identificarse con alguno de los personajes (el ingenuo, el teórico, el juez primero, el juez segundo, el abogado primero, el abogado segundo y el filósofo) y así adentrarse a la conversación, para así encontrar las ideas que conlleven a las buenas relaciones entre los jueces y abogados...y que es justamente lo que pretendía el jurista Piero Calamandrei.

Oreste Gherson Roca Mendoza*

* Abogado por la Universidad Nacional Mayor de San Marcos. Magister en Derecho Civil por la Pontificia Universidad Católica del Perú. Asesor Legal del Gabinete de Asesores del Ministerio de Justicia y Derechos Humanos. Miembro del Taller de Derecho Civil "José León Barandiarán". Ha seguido estudios de especialización en Negocio Jurídico, Contratos y Responsabilidad Civil, Gestión Pública y Derecho Administrativo. Autor de diversos artículos en obras colectivas y en revistas especializadas. Autor del libro: Ineficacia de los actos del deudor por fraude a los acreedores. 1ra Edición. Lima: Gaceta Jurídica, 2013. Ha participado como expositor en diferentes cursos, seminarios y diplomados en temas de Derecho Civil y Derecho Administrativo. Ha sido miembro de la Comisión Intersectorial de Derecho Internacional Privado encargada del estudio de los temas tratados en la Conferencia de La Haya sobre Derecho Internacional Privado y ha sido Secretario Técnico del Grupo de Trabajo encargado de revisar y proponer mejoras respecto a la Ley General de Sociedades y otras normativas en materia de personas jurídicas mercantiles.

Presentación de los personajes

El Ingenuo.
El teórico.
Los prácticos:
    Juez primero;
    Juez segundo;
    Abogado primero;
    Abogado segundo.
El filósofo.

Varios amigos, aproximadamente de igual edad, y que treinta años atrás fueron compañeros de estudios en la misma universidad, se encuentran de nuevo, después de tanto tiempo, en un balneario de aguas termales, lugar donde no es raro encontrar viejos conocidos cuando se ha pasado de los cincuenta años. Agotados en los primeros días los temas de conversación más brillantes y más nostálgicos, pasan a hablar de tribunales, de litigios y de la reforma del Proceso Civil.

Cinco de ellos, doctores en Derecho, siguieron en la vida fielmente su vocación (dos se han dedicado a la abogacía, dos son magistrados; el otro es profesor en una facultad de Derecho); el sexto, que inició sin mucho entusiasmo los estudios universitarios de ingeniería, los dejó plantados antes de graduarse y ha llegado a ser un hombre de negocios que está al frente de un gran establecimiento de construcciones mecánicas.

La conversación se desarrolla animadamente, en dos sesiones, entre estos seis interlocutores, para distinguir a los cuales en el diálogo he adoptado, en lugar de sus nombres de pila, denominaciones que aluden a su competencia en materia de cuestiones procesales. Al hombre de negocios he querido llamarle "el ingenuo", no con intención irónica, sino para poner de manifiesto que, en cuanto al Procedimiento Civil (lo demás no me interesa), vive en ese estado de inocencia cándida y estupefacta que hace que los profanos se admiren y se asusten de los misterios en los cuales no están iniciados. Al profesor lo he llamado "el teórico", igualmente sin querer ofenderlo, para advertir a los lectores que, aun cuando diga con frecuencia cosas bastantes juiciosas, es necesario, de vez en cuando, restar cierta importancia a sus opiniones, porque su hábito profesional lo lleva fácilmente a sentar cátedra.

Los otros cuatro son los "prácticos" del procedimiento: juez primero y juez segundo; abogado primero y abogado segundo; siendo sus opiniones las que, sobre todo, me parece que se han de tener en cuenta. Los he diferenciado, por razones de sencillez, con un número de orden; habría podido también distinguirlos por cierto contraste que existe en sus caracteres cuando se trata de apreciar el lado bello y el lado feo de las cosas, en dos parejas contrapuestas, que se podría denominar el juez optimista y el juez pesimista, y lo mismo en cuanto a los abogados. Pero he pensado que las diferencias entre ellos aparecerán, si quieren ser sinceros, en el diálogo; y que la sinceridad no estará ausente, lo espero, desde luego, considerando (como el querido lector no habrá olvidado) que se trata de compañeros de estudios.

Hay un séptimo personaje que se denomina "el filósofo". Es, probablemente, el más simpático de todos, porque se dedica a escuchar a los otros y no habla nunca: por excepción, al final del segundo diálogo, deja escapar una opinión.

Diálogo primero

En el cual se razona acerca de la opinión que los hombres de negocios tienen de los Procesos Civiles y de los malos hábitos que una defectuosa ley de procedimiento puede engendrar en los jueces y en los abogados.

El ingenuo.- Cinco juristas de primera fila, reunidos en agradable conversación, y, lo que es más interesante, cinco viejos amigos a los cuales puedo hablar sin pelos en la lengua... No se presenta todos los días una ocasión tan propicia: ¡tanta confianza para interrogarlos, tanta ciencia y experiencia para contestarme! Permitidme, pues, queridísimos amigos, que os pida, con el corazón en la mano, que me satisfagáis una curiosidad...

El téorico.- Estamos todos a tus órdenes.

El ingenuo.- Se trata de la justicia, esto es, de una cosa de la que todos entendéis porque hacéis de ella profesión, de la misma manera que yo me dedico al comercio de máquinas. En cuanto a mí, habiendo tenido una sola experiencia, me he formado de los Procesos Civiles una idea que no puede ser más repugnante: con deciros que los considero como pasatiempos de desocupados o como trampas para incautos, no diría suficiente...

Abogado primero.- Te agradecemos el eufemismo...

El ingenuo.- Pues bien: he leído estos días en los periódicos, que pronto entrará en vigor el nuevo Código de Procedimiento Civil, merced al cual la justicia se convertirá en un mecanismo de precisión, que se moverá por sí solo, sin ruidos y sin paradas. Queridos amigos, decídmelo al oído: ¿es absolutamente cierto que el nuevo Código conseguirá operar este milagro?

El teórico.- Los milagros los hacen los santos, no los códigos. Solamente a un técnico, como eres tú, se le pude ocurrir que los procedimientos, a través de los cuales se administra la justicia, puedan compararse a las máquinas, cuyo rendimiento, siempre que sea exacto el juego de las levas o la relación de los engranajes, se llega a calcular anticipadamente con exactitud matemática. En el proceso, mi querido fabricante de motores en serie, es necesario hacer el cálculo, en cada caso, teniendo en cuenta el humor de los personajes que toman parte en el drama: los jueces, los abogados, los litigantes, los testigos... Cada uno de ellos es un animal vivo, un *unicum* que reacciona a su modo a los estímulos externos: de suerte que, aun cuando las leyes de procedimiento estén hechas con la máxima sabiduría, hay siempre que descartar algo imprevisible en su funcionamiento práctico, lo cual hace aleatorios y aproximativos los cálculos de su resultado, y las hace aparecer como buenas o malas leyes según las acompañe o las abandone la buena voluntad de los hombres...

El ingenuo.- Has hablado de "animales vivos"; ahora comprendo por qué, en la única experiencia personal que he tenido de un pleito civil, me ha quedado la impresión de que todo el Procedimiento Civil se reduce a un sistema de vallas y cancelas puestas para impedir a los interesados verse y entenderse: precisamente lo mismo que se acostumbra en los encierros de los animales feroces, recluidos cada uno en su jaulón...

Juez primero.- Verdaderamente, la jaula yo no la he visto más que en los procesos penales.

El ingenuo.- Ya os he dicho que hablo por experiencia personal; he tratado siempre, en tantos años que llevo al frente de mi establecimiento, de evitar las causas, porque he pensado que el tiempo empleado en litigar es el peor empleado en la vida.

El teórico.- Da gusto oír este pensamiento, expresado por un capitán de industria como eres tú. He aquí la prueba confortante del declinar constante en que se encuentra, entre los hombres de negocios, aquel espíritu de sórdido litigio que ha sido siempre un indicio de baja civilidad; esta difusión en los grupos sociales de la repugnancia por los litigios es indudablemente el signo de una confianza creciente en la conciliación...

El ingenuo.- Admitámoslo así, si te agrada; pero yo tengo la vaga sospecha de que se trata más bien de creciente desconfianza en la justicia. Por mi parte, puedo aseguraros que, desde que experimenté una vez en mi piel las delicias de un Proceso Civil, precisamente este sentimiento de desconfianza en la justicia se ha apoderado de tal manera en mí que hoy preferiría sufrir sin protesta cualquier sinrazón, con tal de no tener nada que ver con los tribunales.

Pero a este extremo de clarividencia no había llegado todavía hace dos años, cuando, frente a la rufianería de un proveedor desvergonzado que, a toda costa, quería endosarme una partida de mercaderías averiadas, me dejé llevar por mi inexperiencia a seguirle una causa judicial. Y por ello fui a caer, en aquella ocasión, en manos de los abogados...

Abogado segundo.- ...y de los jueces...

El ingenuo.- Abogados y jueces, con vuestro permiso, todos son la misma raza: todos están de acuerdo en reducir la justicia a un juego complicado y difícil, a una especie de gallina ciega para adultos, en el que parece que el mérito consistiera en esconderse detrás de los códigos para lograr que no se encuentren las huellas de la verdad.

Juez primero.- Pero, en definitiva, y dejando de lado las comparaciones irreverentes, ¿qué te hemos hecho de malo los pobres jueces y abogados para que la tomes así con nosotros? En sustancia ¿de qué nos acusas?

El ingenuo.- Os lo explicaré en cuatro palabras. Antes de la experiencia que me ha abierto los ojos, había creído siempre que también en los procesos, el modo mejor para hacer valer las propias razones sería el que seguimos nosotros en los negocios, cuando nos parece que las gestiones seguidas por correspondencia van con demasiada lentitud: en este caso, nosotros, gente práctica, sabemos que, para superar todos los obstáculos y todas las dudas, no hay nada mejor que quitar de en medio a los intermediarios y al papel escrito, y tomar el primer tren, o el primer aeroplano, yendo a tratar el asunto personalmente: quien quiere que vaya... Con un cuarto de hora de coloquio se adelanta más que con un mes de gestiones epistolares: aun cuando no se llegue a entenderse inmediatamente, se consigue siempre encontrar el nudo de la cuestión, que es tanto como haber hecho más de la mitad de camino hacia el acuerdo. Pues bien, yo creía, ingenuamente, que en los juicios se hacía lo mismo: ir personalmente al juez, encontrarse cara a cara con la parte contraria, exponer las propias razones, contestar a las objeciones, poner los puntos sobre las íes... y disponerse a oír la sentencia. Como se hace con el médico: que cuando te ha interrogado bien y escuchado y examinado por todos los lados, te dice, en la misma sesión, de qué muerte debes morir.

Juez primero.- Pero también los jueces, si te fijas bien, proceden poco más o menos así.

El ingenuo.- ¿"Poco más o menos"? ¡Absolutamente al revés, querréis decir! Cuando comencé mi proceso estaba seguro de que con un coloquio de media hora conseguiría demostrar al tribunal mis buenas razones; y pedía a mi abogado que fijase lo más pronto el día en que el juez podría recibirme y escucharme. Pero el abogado se sonreía con aire compasivo y me decía que los jueces tienen otras cosas que hacer que perder el tiempo con las lamentaciones de los litigantes. Y entonces, digo yo, si los jueces no se han hecho para esto, ¿para qué se han hecho?

El teórico.- Éstos son, sino te molesta, discursos de analfabeto. Si la justicia no ha de reducirse a arbitrio y a favoritismo, es necesario que en el proceso se respete, en primer término, el principio de la contradicción, en fuerza del cual, antes de que el tribunal pueda decidir, cada parte debe ser puesta en condiciones de conocer y de rebatir con pleno conocimiento las razones, buenas o malas, aducidas por la parte adversa: *audiatur et altera pars.* Ahora bien, a fin de que esto pueda ocurrir, es necesario que las razones de los dos contradictores lleguen al juez según un orden preestablecido, en forma rigurosamente fijada. Esa justicia sin procedimiento, que todos los ignorantes, como tú, invocan, habría querido decir, en aquel caso, simplemente lo siguiente: que si el adversario se hubiera apresurado más que tú a correr a casa del juez, habría podido contarle, contra ti, las más absurdas patrañas, y vencer la causa sin que tú estuvieras en situación de poder decir ni una sola palabra en tu defensa.

El ingenuo.- Reconozco de buena gana que soy, en materia jurídica, un perfecto ignorante; y me descubro ante este principio de la "contradicción", al que tú te refieres con tanto respeto. Te hago observar, sin embargo, que yo no pretendía ser recibido, por el tribunal, a la cita callando, sin que mi adversario lo supiera: por el contrario, esperaba poderme encontrar cara a cara con él, en presencia de los jueces, para expresarle mis razones y para avergonzarlo ante ellos. Pero mi abogado me explicó que, en las causas civiles, los litigantes no tienen la que él llamaba *aperitio oris:* mientras el cliente debe estar con la boca cerrada y con prohibición absoluta de hablar de su causa, corresponde al abogado (que de la cuestión sabe, desde luego, menos que él), poner por escrito sus razones, y llenar páginas y páginas de larguísimas cartas dirigidas al tribunal: como si los jueces habitasen en América y para entrar en relación con ellos no existiese medio más adecuado que el epistolar...

Abogado primero.- ¡Pero qué cartas ni qué epistolario de Egipto! Se trata simplemente de escritos de defensa, que en el lenguaje judicial se llaman "alegatos", en los cuales nosotros los abogados, después de haber escuchado con gran paciencia las divagaciones de nuestros clientes, traducimos en términos jurídicos, con orden y con claridad, las circunstancias esenciales que bastan para ganar el pleito. También vosotros, los fabricantes de máquinas, tenéis vuestro lenguaje técnico, que a nosotros, profanos en Álgebra y en Mecánica, nos produce el efecto de una jerga incomprensible; y os basta una fórmula para expresar entre vosotros lo que en nuestro lenguaje ordinario exigiría muchas páginas. Lo mismo hacemos los abogados para entendernos con los jueces, que son juristas como nosotros; y si estas consideraciones jurídicas nuestras preferimos presentarlas en forma escrita, en lugar de exponerlas de viva voz, se hace así para dar ocasión a los jueces de meditar sobre ellas, leyéndolas y releyéndolas hasta entenderlas perfectamente: se trata, a menudo, de argumentos sutiles que, de sentirlos de viva voz, no serían siempre posibles comprenderlos y recordarlos inmediatamente.

El ingenuo.- Será así como tú dices. Pero, aun admitiendo que el tratar las causas por escrito tenga todas las ventajas que tú afirmas, lo que en aquel proceso mío me pareció más sorprendente que ninguna otra cosa, fue el modo con que mi abogado, después de haber preparado con tanta ciencia esos voluminosos escritos, los hacía llegar a su destino. La causa se hallaba ya pendiente desde hacía varios meses, y todavía no había yo conseguido ver la cara de mis jueces; pero un día el abogado, para calmar de algún modo mi impaciencia, dejó escapar esta frase: "Para mañana está fijada la audiencia de intercambio de los alegatos". Bastó esto para que al día siguiente fuese también yo, lleno de fe, al tribunal (no obstante la insistencia del abogado en repetirme que no había necesidad de ello); al oír hablar de la "audiencia", me había hecho la ilusión de que, por fin, había llegado para mí el momento de hablar, y para los jueces el de tener que escucharme... En lugar de esto, cuando entré en aquella aula en la que me había imaginado ver abogados con toga, que hablasen sucesivamente, y magistrados con toga, que los escuchasen atentamente, me encontré en medio de una multitud de personas vestidas con traje de calle, gritando y gesticulando como si estuvieran en el mercado; y vi que mi abogado, en vez de buscar a los jueces, se preocupó solamente de encontrar, entre aquel gentío, a un individuo, que después supe que era el abogado del contrario, para entregarle una copia del escrito, y recibir a cambio otra del suyo. Cada uno tomó la copia sin mirarla siquiera, y la colocó en su cartera, y después se saludaron con tono de grandes amigos, dándose cita de allí a un mes en el mismo local... Y así se terminó la audiencia para mí.

Juez primero.- Y a los jueces, ¿no los viste?

El ingenuo.- A decir verdad, vi que, al fondo del aula, detrás de una mesa altísima, había un señor vestido de negro que, de tanto en tanto, agitaba una campanilla; pero, en medio de aquella confusión, no conseguí comprender bien lo que hacía. Tuve, sin embargo, la impresión de que aquellos cambios de papel escrito que los abogados hacían entre sí no le interesaban en absoluto: se limitaba a repetir, ante aquella multitud agitada, una oscura fórmula que me pareció era para todos la misma: "Señalada para dentro de un mes". Supuse por un instante que aquel señor de la campanilla sería precisamente el juez de mi causa; pero el abogado me quitó también esta ilusión, diciéndome: ¿Quién puede prever ahora, a un mes y pico de distancia de la audiencia de discusión, cómo estará compuesto el colegio que deberá juzgar la causa? Deduje de esto, con gran asombro, que los abogados escriben sus alegatos muchos meses antes de saber quién será el juez que habrá de leerlos.

El teórico.- Todo esto no es tan extraño como a ti te parece. La audiencia a la cual tú asististe no era la audiencia verdadera, la final, que se celebra ante el colegio para la discusión de las causas; era la primera parte de la audiencia, la que se celebra solamente ante el presidente y que sirve exclusivamente para el aplazamiento. Naturalmente, antes de que la causa pueda ser confiada a la decisión del órgano colegiado, es necesario que los defensores de las dos partes hayan vaciado, el uno y el otro, el saco de sus respectivas razones;

pero, para que esto ocurra, es necesario que los mismos hayan tenido tiempo de trasmitirse sus escritos, de leerlos, de preparar sus respuestas, e incluso, después del intercambio de las respuestas, las réplicas y las contrarréplicas. Para estos sirven los aplazamientos, y para acordar los aplazamientos es bastante con el presidente; ¿querrías acaso que todo el colegio se molestase en venir a la audiencia con el solo objeto de ver a los abogados que cambian sus escritos y acordar los aplazamientos que a los mismos les son indispensables para rebatir los argumentos del adversario?

El ingenuo.- Está muy bien. Pero si esta primera parte de la audiencia no tiene otro objeto que el que tú me has explicado ¿por qué los abogados, para cambiar sus escritos, no se sirven del correo o bien de los empleados de sus estudios, ahorrándose estas caminatas al tribunal, en las que, si no he entendido mal, se limitan a realizar un servicio de mozos de almacén? Y sí, como me has dicho, hasta tanto que el intercambio de los alegatos no ha terminado, no se puede saber cuál será el juez que las deberá leer, ¿no sería mejor que, entre tanto, el presidente no se molestase en ir a la audiencia con el solo objeto de ver a estos carteros cambiar entre sí una correspondencia que no está dirigida a él?

El teórico.- Tu ignorancia de las cosas judiciales te impide comprender el significado verdadero de las reglas del procedimiento, y sólo te permite ver los aspectos externos, que, con gran ligereza, tú conviertes en grotescos. Sin embargo, no se puede negar que, muchas veces, el candor de los ignorantes consigue apreciar en los mecanismos del procedimiento ciertos defectos, de los cuales los especialistas, cegados ya por la costumbre, no se dan cuenta. Al poner en evidencia los aspectos ridículos de estas audiencias presidenciales realizadas sólo para los aplazamientos, has tocado, sin darte cuenta de ello, precisamente el *punctum dolens* del procedimiento llamado "sumario", seguido hasta ahora en nuestros tribunales; de manera que me será fácil, partiendo de estas ingenuas observaciones tuyas, demostrarte la forma en que el nuevo Código se dispone a hacer tabla rasa de todos estos pasatiempos, el absurdo de los cuales te ha revelado tu simple buen sentido.

(Pausa en el diálogo: todos los interlocutores se preparan a escuchar con curiosidad la explicación del profesor, que, por fin, va a hablar del nuevo Código, pero cuando se dispone a proseguir su discurso, el juez pesimista los previene).

Juez segundo.- Un momento, amigos. Antes de que el profesor se ponga a explicarnos las maravillas del nuevo Código, será conveniente, si queremos ser sinceros, quitarnos de la cabeza la ilusión de que los defectos del procedimiento se pueden remediar de hoy a mañana con sólo cambiar la ley. Yo me inclino ante la ciencia de los profesores; pero os aseguro, basándome en la práctica, que también el viejo Código de 1865, con todos sus formalismos y todas sus dilaciones, habría sido un instrumento de justicia no peor que tantos otros, si sus defectos no hubieran sido aprovechados y aumentados por aquellos que tienen interés en demorar considerablemente los procesos, y, por consiguiente, en especular sobre aquellas normas que se prestan a las dilaciones y a los enredos. Aquí, queridos amigos, podemos hablar claro: nosotros los jueces, en lo que nos afecta, tendríamos interés en que todos los procesos se desarrollaran con gran velocidad; al alargarlos y complicarlos crece nuestro trabajo, pero nuestra ganancia no crece... No se puede decir, desgraciadamente, lo mismo de los abogados: cuando más se dilata el proceso tanto mayor es la ganancia: *dum pendet, rendet*.

Abogado segundo.- Ya me extrañaba a mí que todavía no se hubiera exteriorizado este "ritornello", tan peregrino y nuevo...

Juez segundo.- No será nuevo, porque la verdad es siempre vieja... Pero, en definitiva, es inútil negarlo, mis queridos amigos: los primeros responsables de esta comedia tan poco divertida, que ha llegado a ser entre nosotros el Procedimiento Civil, sois vosotros, precisamente, señores abogados... Sois vosotros los que, cuando habéis de discutir una cuestioncilla de nada, que se podría resolver en cuatro líneas, con sólo transcribir un artículo, lanzáis una avalancha de alegatos, escritos, memorias, apostillas, notas y páginas luminosas, que después, nosotros, pobres jueces, debemos tragarnos sin poder protestar; sois vosotros los que, en una causa que con un poco de buena voluntad podría quedar discutida a la primera o la segunda audiencia, sentís la necesidad de pedir tres, cuatro, diez aplazamientos, inventando los más extraños pretextos para alejar el día de la decisión, como si, al alargar las causas, se os alargase la vida; sois vosotros los que, no contentos con haber escrito volúmenes para ocultar bajo la abundancia de las palabras el vacío de los argumentos, pretendéis también tenernos clavados en audiencia jornadas enteras, por el solo gusto de escuchar prédicas, en las que no hacéis otra cosa que recitar de memoria lo que deberemos leer después escrito en vuestros alegatos; sois vosotros los que, cuando los hechos están claros como el agua, y nosotros los jueces hemos comprendido de una manera terminante de parte de quién está la razón, os afanáis en suscitar incidentes, en producir documentos, en interponer apelaciones, y en buscar nulidades...

Éstos son los hábitos de los abogados; mientras estos hábitos no cambien ¿cómo se puede esperar seriamente que, al cambiar el Código, las cosas vayan mejor? Bastará que en el nuevo exista un defectillo de nada, apenas un rasguño, un lunar... e inmediatamente los abogados clavarán en ellos las uñas, y los ampliarán y envenenarán hasta producir la gangrena... He oído a ciertos profesores enseñar que los abogados son los más preciosos colaboradores de los jueces... No me hagáis reír. Los abogados (exceptuando siempre a los presentes, se entiende) no son para los jueces otra cosa que los más peligrosos mixtificadores.

Abogado primero.- Protesto indignado...

Abogado segundo.- Calma, colega. El amigo juez no deja de tener algo de razón; y puesto que aquí, en virtud de la amistad, estamos hablando con sinceridad, debo declarar que estoy de acuerdo con él en reconocer que el reformar las leyes de procedimiento no servirá de nada si antes no se reforma la mentalidad de los hombres a los cuales está confiada la máquina de justicia.

Hasta aquí, como veis, nos encontramos absolutamente de acuerdo: una cierta divergencia comienza, sin embargo, a partir de este punto; porque, así como él piensa que todo depende de los malos hábitos de los abogados, yo, en cambio, tengo la sospecha de que los responsables de todas las desdichas son precisamente los magistrados...

Juez primero.- Esto sí que me pilla de nuevas...

Abogado segundo.- Y sin embargo, si meditaras un poco, verías que yo tengo razón. Piensa en la paciencia con la cual nosotros, los abogados, escuchamos a nuestros clientes, y conseguimos deducir de sus confusas divagaciones las circunstancias esenciales que el juez encuentra ya aclaradas y puestas en orden en nuestros alegatos; piensa en las veladas que pasamos en el silencio de nuestra biblioteca, compulsando manuales y repertorios, a fin de ofrecer al juez, en cuanto a todos los puntos dudosos de la causa, una preciosa antología de precedentes doctrinales y jurisprudenciales, que él puede aprovechar gratuitamente en su decisión, dictando sin fatiga una de esas sentencias adornadas de aforismo latinos, que después sirven como título para el ascenso... Y sin embargo, se encuentran jueces que no quieren hacer ni siquiera el pequeño esfuerzo necesario para leer estos alegatos que con tanta fatiga hemos preparado para ellos: se les pone el plato delante pero no quieren molestarse en comer... Así, por culpa de su holgazanería, se producen las sentencias llamadas "de tercera opinión", que nos obligan a los abogados a apelar, para comenzar de nuevo, ante el segundo juez la misma prédica. Y no hablemos ya de lo que ocurre cuando los abogados, con la buena intención de facilitar al tribunal el estudio de las defensas escritas, nos arriesgamos a pedir la discusión oral de la causa; basta ver la cara agria que los jueces ponen cuando, en el calor del informe, se nos ocurre alzar la voz, para darnos cuenta de que ellos consideran nuestra voz solamente como un ruido molesto que interrumpe el hilo de sus recogidas ideas.

Juez segundo.- Esto sucede porque los abogados hablan demasiado...

Abogado segundo.- ¿Hablamos demasiado?... ¿Y cómo hacéis para saberlo vosotros los jueces, si no os molestáis en escuchar lo que decimos? Ésta es una de esas acusaciones que los jueces hacen circular contra los abogados para ganarnos la delantera... Otra acusación del mismo estilo es la que se refiere a las demoras del procedimiento, que, según los jueces, derivan siempre de la premeditada lentitud de los abogados. También en cuanto a esto, mis queridos amigos jueces, os ruego que pongáis una mano sobre el corazón: ¿es precisamente culpa de los abogados el que vuestra sentencia, a partir de la fecha de la audiencia final (esto es, del día en que la causa se os entrega sin más embarazos por parte de los defensores) se haga esperar por tres o cuatro meses? ¿Es precisamente culpa de los abogados el que cada año, a partir de los últimos días de mayo, los Tribunales y las Cortes se nieguen a "ver" las causas que los abogados querrían tratar, y las remitan de oficio a después de las vacaciones? Yo querría que un profano en cosas judiciales, uno de esos a quienes las frases puestas en circulación por los magistrados han hecho creer que las dilaciones de las causas dependen siempre de la mala voluntad de los abogados, se tomara la molestia de asistir a una audiencia civil hacia primeros de junio; y vería, desde luego, que la audiencia consiste en una verdadera lucha grecorromana entre quien quiere seguir las causas y quien quiere demorarlas; pero con gran asombro se daría cuenta, además, de que quienes se baten por darles curso inmediatamente son los abogados, y que quien a despecho de los abogados las remite inexorablemente a octubre es el presidente...

El ingenuo.- Todo lo que estáis diciendo me parece altamente instructivo: me siento feliz al ver reforzadas por voces autorizadas las opiniones de un ignorante que tímidamente os exponía al empezar esta conversación.

El teórico.- Pero no, mi querido amigo, no debe darse demasiada importancia a estas polémicas llenas de alfilerazos con que los abogados y los jueces acostumbran a maltratarse cuando les sobra el tiempo: se trata de los acostumbrados pinchazos a flor de piel que la convivencia provoca entre personas constreñidas a estar juntas por toda la vida. Pero, a pesar de ellos, estos refunfuñones se quieren bien, y se perdonan recíprocamente sus humanas debilidades, y se buscan cuando están lejos: *nec tecum vivere possum nec sine te...* En realidad, unos y otros son muchos mejores de lo que sus palabras podrían hacer creer: y las verdaderas responsables de todas estas lamentaciones son las leyes, de las que ellos son las víctimas inconscientes.

Juez segundo.- ¿Así, pues, tú insistes, a pesar de todo lo que se ha dicho, en creer que la modificación de las leyes basta para hacer cambiar las costumbres de los hombres?

El teórico.- No llego a tanto; pero tampoco llego al exceso opuesto de creer que la reforma de leyes resulte, en todos los casos, privada en absoluto de consecuencias prácticas. Probablemente tienen razón los filósofos cuando hablan de la "irrealidad de las leyes", en el sentido de que las leyes abstractas no sirven para nada si falta, en aquellos a quienes van dirigidas, la voluntad de traducirlas en actos individuales concretos; pero, en definitiva, también las leyes, aun cuando permanezcan en situación de fórmulas vacías hasta el momento en que las llena y las reaviva el uso, pueden tener una gran eficacia práctica como preparatorias del mismo, una eficacia que se podría llamar didáctica o pedagógica. Esto es cierto especialmente en cuanto a las leyes formales, como son las de procedimiento; mientras tratándose de las leyes sustanciales ocurre casi siempre que el uso precede a la ley; cuando se trata de las formales, es la ley la que precede al uso y le sirve de pauta.

Abogado segundo.- Las acostumbradas frases sibilinas de los profesores...

El teórico.- Veamos si consigo explicarme en términos que no os parezcan demasiado profesorales:

No hay duda de que al cambiar el Código de procedimiento no se cambiará, de hoy a mañana, el corazón de los hombres que administran la justicia ni el de los que la piden: existirán, también en lo sucesivo, jueces holgazanes y abogados charlatanes y litigantes pendencieros; y la palabra justicia continuará también siendo empleada en el proceso del porvenir por cada una de las partes en el sentido que coincida con sus propias conveniencias. Pero, sin embargo, una buena ley de procedimiento podrá ejercer sobre las cualidades naturales, buenas y malas, de las que continuarán estando acompañados los hombres que tomarán parte en el proceso, una especie de selección y de rectitud: poco más o menos como podría actuar, para dar de nuevo forma a un cuerpo, un aparato ortopédico. Fijaos cómo se las arreglan los horticultores para conseguir que sus arbustos crezcan derechos y simétricos: envuelven el tallo en los puntos que debe quedar despojado y lo dejan descubierto en los puntos donde quieren que brote una nueva sección de ramas; basta esto, para que la linfa, que sigue la vía de menor resistencia, se desahogue en gemas precisamente en los puntos donde la corteza no sufre comprensión. Así es necesario hacer con los hombres (hablo, como puede comprenderse, del proceso): es perfectamente inútil prescribir en artículos imperativos la puntualidad y la buena fe si después el procedimiento se construye de modo que cierre el paso a estas cualidades y que lo deje abierto a las cualidades contrarias...

El ingenuo.- Tú nos lanzas este discurso como si las leyes de procedimiento hubieran sido inventadas ahora por primera vez... Pero las leyes del procedimiento han existido siempre: y, a pesar de esta función educadora, no se aprecian, por lo que veo, efectos muy brillantes.

El teórico.- Esto ocurre porque el viejo Código; que cuando se construyó era también, en relación a su tiempo, un eficaz aparato de ortopedia judicial, se había enmohecido en las junturas y retardado por setenta años de uso hasta el extremo de haberse convertido, poco a poco, a fuerza de parches y de remiendos, en un aparato de ortopedia a la inversa. Sin darse cuenta de ello, había llegado a ser un artífice de ineducación procesal, un instigador de malos usos judiciales.

Abogado primero.- En esto, querido profesor, me parece que te has pasado de la raya. Hablas como si bajo el viejo Código la justicia civil marchase a trompicones: siendo así que todos sabemos, por experiencia personal, que los defectos del procedimiento, por graves que fuesen, no han impedido nunca a los abogados ganar las causas justas, ni a los jueces el pronunciar sentencias igualmente justas.

El teórico.- Razón de más para admirar a los jueces y a los abogados, los cuales, en su gran mayoría, han conseguido mantener intactas sus mejores cualidades personales, no obstante que el procedimiento pareciese hecho aposta para dar paso a las peores. Y bien, quiero sentar mi tesis en el terreno práctico: yo sostengo, y estoy dispuesto a demostrarlo, que todas las censuras que los jueces dirigen a los abogados, y viceversa, tienen su primer origen en un considerable desperfecto que desde hace decenios ha descompaginado los mecanismos del viejo procedimiento; reparado ese desperfecto, se verá que las censuras no tendrán ya fundamento alguno. Para hacer la prueba de esta tesis mía, invito a los magistrados y a los abogados aquí presentes a exponer en términos categóricos, como si se tratase de formular una requisitoria, sus recíprocas quejas; y me será fácil demostrar, así lo espero al menos, que todas las acusaciones que creen tener contra las costumbres de los hombres, se resuelven, en sustancia, en críticas a los defectos de las leyes.

El ingenuo.- Para hacer este experimento, querría que nos explicases anticipadamente, si no te disgusta, en qué consiste este considerable desperfecto de las leyes, del cual, según tú, derivan todas las malas costumbres de los jueces y de los abogados. Solamente con esta premisa me parece que tu demostración podrá resultar persuasiva.

El teórico.- Es justo, y te doy gusto inmediatamente. A mi entender, el defecto fundamental del procedimiento llamado "sumario", introducido en Italia por la ley del 31 de marzo de 1901, se puede resumir en esta forma: que *el proceso nace antes que el juez,* o también, si lo preferís, en esta otra: que *el juez entra cuando los abogados salen...* La forma como se desarrollaba, según el procedimiento sumario, un juicio civil, nos lo has descrito tú con colores muy vivos; tú mismo en tu ingenuidad has puesto de relieve la extrañeza de aquellas audiencias ante una sombra de magistrado, celebrada solamente para dar ocasión a los abogados de intercambiar sus alegatos antes de que, en la audiencia final, el órgano juzgador se encontrase finalmente individualizado y fijado en magistrado de carne y hueso. De este modo existía, no cabe duda, en el proceso, desde la primera audiencia, un juez; pero era un juez sin nombre y sin fisonomía, un juez "fungible", por decirlo así, el cual venía a la audiencia solamente para aplazar las causas, permaneciendo absolutamente ignorante del mérito de las mismas y del contenido de los alegatos que, entre tanto, los abogados se cambiaban en su presencia. En esta fase inicial del proceso, que, de aplazamiento en aplazamiento, podía emplear algunos meses o, en absoluto, algún semestre, el *verdadero* juez, el juez *vivo* que habría debido leer los escritos y estudiar la causa y pronunciar la sentencia, *no estaba todavía nombrado;* no existía todavía, en este período, un juez o un colegio individualizado que hubiera asumido, en concreto, la responsabilidad y la dirección de aquel proceso. En este sentido, os decía hace poco que, en el viejo procedimiento (el procedimiento que está por desaparecer), *el proceso nacía antes que el juez...* De esta falta de un juez al cual personalmente estuviese confiado desde el principio el cuidado de la causa, derivaba que la redacción de los escritos de defensa estaba enteramente abandonada a los abogados, los cuales podían poner en ellos todo lo que les venía a la imaginación, sin temor de que el juez, al cual esas comparecencias iban dirigidas (y que hasta el día de la audiencia final permanecía entre bastidores como una pura hipótesis) pudiera mover un dedo para llamarlos al orden y para pedir aclaraciones sobre puntos oscuros. Y cuando, por último, en la audiencia final, el juez se trasformaba de hipótesis en realidad concreta, entonces, en el mismo momento, los abogados le entregaban todo el fascículo de las comparecencias preparadas para él, antes de su nacimiento, y con una elegante inclinación desaparecían de la escena...

El ingenuo.- Hacían, pues, los abogados lo mismo que un hombre que se pusiera a escribir cartas amorosas antes de saber si ha nacido la hermosa a la cual las dirige...

El teórico.- Eso precisamente y que cuando, por último, su sueño ha encarnado en una criatura viva, le ofreciese todas juntas, ordenadas y encuadernadas formando un epistolario, y rápidamente se ausentase para no darle tiempo de contestar. Ésta era, en efecto, la incongruencia más grave del proceso sumario: que cuando se había logrado individualizar, en la audiencia final, el colegio encargado de juzgar la causa y el juez relator encargado de estudiarla, cualquier curiosidad que éste sintiera de pedir a los abogados luces y ampliaciones sobre puntos oscuros o vacíos de los escritos, estaba destinada a quedar sin satisfacer, porque, cuando el estudio del juez relator comenzaba, en aquel preciso momento, había terminado la obra de los abogados. Así, el proceso de cognición, que lógicamente se concibe como una especie de diálogo entre los abogados y el juez (entre los abogados que informan al juez, y el juez que los interroga para ser informado), se reducía a ser la sucesión de varios monólogos separados, realizado por solistas que, apenas habían terminado de declamar la parte propia, se apresuraban a salir de escena para no escuchar al interlocutor que comenzaba la suya. Mientras estaban los abogados que se dirigían al juez, el juez no estaba; apenas venía el juez los abogados se alejaban... Hablar de "colaboración" entre jueces y abogados, era, en un procedimiento así ordenado, una utopía. Colaborar quiere decir laborar juntos; pero ¿cómo podían laborar juntos en el viejo proceso sumario los jueces y los abogados, si su trabajo debía desarrollarse en períodos cronológicamente distintos, en forma que prohibía todo encuentro y todo entendimiento entre ellos?

El ingenuo.- Si no me engaño, este defecto del procedimiento es muy semejante al que, en el funcionamiento de los motores, nosotros llamamos "desfasamiento": cuando en el motor de explosión las válvulas no se abren a tiempo y se anticipan o retrasan respecto de las varias fases en que viene a encontrarse el émbolo...

Juez segundo.- Eso precisamente: "desfasamiento" de los abogados, estas ruidosas válvulas del proceso, cuya función se reduce a alguna explosión fuera de tiempo y a algún fuerte golpe de vapor...

Abogado segundo.- Eso precisamente: "desfasamiento" de los jueces, estos émbolos que estallan y que sirven solamente para disminuir la marcha del proceso...

El teórico.- Calma, amigos, no comencéis de nuevo la disputa. Desfasados no están, en sí mismos, ni los abogados ni los jueces; el desfasamiento está en el motor, esto es, en el procedimiento, que hasta ahora ha impedido a estos dos mecanismos igualmente necesarios de la justicia, que son los abogados y los jueces, funcionar a tiempo y corresponderse. Este desfasamiento del procedimiento es la verdadera causa de todos los malos usos que los jueces y los abogados recíprocamente se atribuyen; como podré demostrarlos si, volviendo a la experiencia que hace poco os proponía, tenéis la bondad de formular con calma vuestras recíprocas quejas. Concedo la palabra a los jueces.

(Momento de pausa. Los jueces y los abogados cambian impresiones entre sí, para prepararse a formular las acusaciones. El teórico actúa de presidente; el ingenuo continúa divirtiéndose; el filósofo sigue escuchando y callando).

Juez primero.- Daré principio por los escritos de los abogados: los cuales están generalmente (es necesario reconocerlo) construidos con habilidad y adornados de mucha doctrina; pero raras veces proporcionan al lector el sentido de confianza y de reposo que, sobre todo, querríamos encontrar en ellos nosotros los jueces, sedientos de verdad y no de bello estilo. Algunas veces los jueces tenemos la impresión de que toda la habilidad de los abogados esté empeñada, en lugar de tratar los puntos decisivos de la causa, en deslizarse alrededor de ellos; y que sus escritos merecen ser tomados en consideración, más que por lo que dicen, por lo que no quieren decir... Si en el escrito de un abogado leemos que una cierta cuestión no tiene importancia, inmediatamente debemos sospechar que precisamente aquélla es la cuestión esencial de una causa y que, si el abogado no quiere tocar aquella tecla, es porque se ha dado cuenta de que suena mal para él. En suma, si hemos de expresar nuestro sentimiento sobre la dialéctica de los abogados, nos parece que ella es admirable, sobre todo en la preterición y en la digresión.

Juez segundo.- ¡Demasiado blando, demasiado blando, querido colega: nada de dialéctica admirable! Llamemos al pan, pan: los escritos de los abogados están hechos aposta, en la mayor parte de los casos, para llevar a engaño a los jueces; todo ese estilo florido, todos esos parangones y aforismos y ristras de autores no tratan de otra cosa que de cambiar los papeles en la mesa. Si de mí dependiese, yo prohibiría los escritos de los abogados como se prohíben las armas insidiosas.

El teórico.- ¿Qué responden, frente a esta primera acusación, los imputados?

Abogado primero.- Hago observar a los señores jueces que la función del defensor no es la de buscar imparcialmente la verdad; sino la de poner en evidencia las razones del propio cliente, o sea, solamente aquella porción de la verdad que puede ayudar a hacer triunfar su defensa (de poner en evidencia la otra porción se debe cuidar el abogado contrario). Ahora bien, no se debe olvidar que nuestras memorias defensionales nacen en la soledad, en el secreto de nuestro estudio, sin que estén frente a nosotros, mientras las escribimos, ni el contradictor para refutarlas, ni el juez para llamarnos al orden. Es precisamente esta soledad la que muy a menudo nos lleva, sin que nos demos cuenta de ello, a las más arriesgadas acrobacias lógicas: si delante de nosotros, mientras escribimos, estuviese el juez presente observándonos, creo que, sin perjuicio de procurar, como es nuestro deber, decir todas y solamente las razones favorables a nuestro cliente, no tendríamos el valor de embarcarnos en sostener por él ciertas tesis audaces que, a veces, en el silencio de nuestra biblioteca, nos seducen como ocasiones magníficas de poner a prueba nuestro virtuosismo dialéctico. Los libros, vosotros lo sabéis, son peligrosos, porque cualquier fantasía, si se la lee impresa en un libro, se convierte en un precedente autorizado; y especialmente son peligrosos los repertorios de jurisprudencia, que no niegan nunca, a quien sabe buscar, alguna hermosa máxima hecha a propósito...

Abogado segundo.- ...(por los jueces)...

Abogado primero.- ...para justificar las tesis más equivocadas. Y entonces, cuando nos hemos calentado así la cabeza sobre los libros, se comienza a escribir: y el papel paciente no se revela nunca al fluir de nuestros períodos. *Carta non erubescit...*

El teórico.- Respecto de este punto me parece que no es necesario añadir nada. Los abogados, en sustancia, reconocen que es fundada la acusación de los jueces; pero observan, con justicia, que todo esto no ocurriría si, mientras ellos exponen sus argumentos de defensa, el juez estuviera presente. He aquí, pues, demostrado, con ello, que esta primera acusación formulada por los jueces contra los abogados tiene su verdadero origen en la falta de contacto directo entre abogados y jueces, esto es, en sustancia, en el "desfasamiento" del procedimiento. Pasemos al segundo extremo de la acusación.

Juez segundo.- Ahora quiero hablar yo, porque mi colega es, por naturaleza, demasiado benigno. Prescindamos de las defensas escritas: admitamos, por un momento, que la superabundancia de los escritos sea precisamente una consecuencia del referido "desfasamiento", al cual el profesor echa todas las culpas. Pero ¿cómo se explica entonces que todos los defectos del estilo escrito se encuentren, no sólo reproducidos, sino agravados, en la oratoria de los abogados, los cuales, cuando recitan en audiencia esas prédicas bien construidas que ellos llaman informes, se extienden casi siempre en divagaciones inútiles y se guardan bien de tocar los puntos esenciales de la causa, aquellos respecto de los cuales nosotros los jueces desearíamos únicamente ser informados? Aquí no me vendréis a decir que la culpa es del "desfasamiento"; aquí, en audiencia, los jueces están bien presentes...

Abogado segundo.- (...aunque no siempre bien despiertos...).

Juez segundo.- ...y, sin embargo, los abogados continúan hablando por su cuenta, como si los jueces no existieran...

Abogado primero.- También estas censuras que se dirigen a la oratoria de los abogados, deberían dirigirse más bien, si se quisiera ser justos, a la estructura del proceso. No olvidéis que nosotros, abogados civilistas, en las raras veces en que se nos concede discutir oralmente una causa, vamos a la audiencia de discusión en estas precisas condiciones: que aquélla es la primera vez en que nos es dado ver la cara a nuestros jueces; y que aquélla es la primera vez en que los jueces oyen hablar de nuestra causa... En tales condiciones ¿cómo es posible mantener despierto el interés de los jueces hablando de una materia que para ellos resulta en aquel momento absolutamente nueva? ¿Cómo se hace para adivinar anticipadamente cuáles serán los puntos de la causa sobre los cuales el juez relator, cuando de allí a alguna semana estudie los fascículos, fijará su atención? En la más absoluta ignorancia de lo que los jueces podrán pensar de la causa cuando la hayan estudiado a fondo, sin posibilidad alguna de prever las objeciones que los jueces podrán hacer, en cámara de consejo, a nuestras tesis, los informes se reducen, por fuerza, a ser casi siempre una repetición de lo que ya hemos escrito en nuestras comparecencias. Y además, en el procedimiento que hasta ahora se seguía, existía esta regla formal: que de las deducciones desarrolladas oralmente en audiencia, el juez no podía tomar en consideración sino aquellas que encontraba repetidas exactamente en los escritos: He aquí por qué nuestra elocuencia, que en un procedimiento bien organizado debería ser una especie de esgrima cerrada hecha para persuadir, se haya reducido a ser, en el viejo proceso escrito, un absoluto vaniloquio, hecho para conciliar el sueño.

El teórico.- Me parece, según eso, que también el segundo extremo de acusación propuesto por los jueces contra los abogados encuentra su motivación en el "desfasamiento". Si los abogados civilistas, cuando hablan, tuviesen por interlocutores a magistrados ya informados de la causa, y si los magistrados, en lugar de estar en silencio como víctimas designadas para oír al abogado que recita un monólogo preparado anticipadamente, pudieran interrumpirlo cuando divaga y estimularlo con objeciones y advertencias, la elocuencia forense sería mucho más apreciada aun por los jueces. También aquí, pues, la primera culpa es del procedimiento.

Y oigamos ahora cuáles son las acusaciones que los abogados dirigen a los jueces.

Abogado primero.- Pues bien, nosotros lamentamos, en primer término, que los jueces tengan contra nosotros, esto es, contra nuestra clase en general, una cierta desconfianza...

Abogado segundo.- ...si no se quiere decir, claramente, un verdadero y propio desprecio...

Abogado primero.- Nos lamentamos de la escasa atención con la cual leen nuestros escritos.

Abogado segundo.- ...cuando, en absoluto, no se niega a comenzar a leerlos, yo mismo pude comprobarlo una vez con mis propios ojos: había puesto, para prueba, una gota de goma entre dos páginas de un escrito, en forma que, para leerlas, era indispensable separarlas;

no lo creeréis, pero cuando fui a retirar al fascículo después de la sentencia; ¡las encontré todavía adheridas!

Abogado primero.- Nos lamentamos de la escasa atención con que escuchan nuestras discusiones...

Abogado segundo.- ...así como de los manifiestos signos de angustia y de desagrado que los mismos dan al principio de nuestros informes, y del tranquilo sopor en que estos signos van, después, poco a poco, dulcemente convirtiéndose.

Juez primero.- Estos son los acostumbrados lugares comunes con que los abogados, buscando pretexto en cualquier episodio aislado (*quandoque bonus dormitat iudex*), tratan de poner al descubierto a toda la magistratura... Y, sin embargo, aun cuando todas estas acusaciones tuvieran fundamento, ¿con qué ánimos podríais dirigirnos tales censuras cuando vosotros mismos los abogados habéis reconocido la escasa atendibilidad de vuestros escritos y la inevitable inutilidad de vuestra oratoria?

El teórico.- También aquí el verdadero responsable es el procedimiento...

Abogado primero.- Pero lo que, sobre todo, nos produce dolor y nos humilla a los abogados es el sentido, no digamos de hostilidad, pero sí verdaderamente de frialdad, de incomprensión y de alejamiento que pesa sobre las relaciones entre nosotros y los jueces: como si entre nosotros y ellos se hubiera levantado una muralla, a través de la cual por mucho que se grite, no se consiguiera entenderse. Acaso también esto es un efecto del procedimiento, según el cual los únicos contactos lícitos entre los defensores y los jueces son aquellos que tienen lugar en audiencia, cuando entre nosotros y ellos existe la distancia y la solemnidad del aula. En esta atmósfera de alejamiento espiritual que se ha creado entre unos y otros, la virtud típica del magistrado, la que parece inseparable del estilo y de la corrección de su función, es la reserva, la inaccesibilidad, estoy por decir la impenetrabilidad. Ahora bien, nadie niega que esta reserva es una hermosa y necesaria virtud fuera del proceso (y por esto admiramos y estimamos a aquellos magistrados que, para escapar de todas las intromisiones y de todas las tentaciones, renuncian a las amistades y a las compañías, y viven retirados y solitarios como ascetas); pero dentro del proceso la misma resulta un inconveniente y un contrasentido. Éste es, precisamente, el obstáculo más grave para nuestra recíproca comprensión: nosotros, los abogados, probablemente, nos movemos demasiado; ¡pero vosotros los jueces, vive Dios, estáis demasiado firmes! Mientras el abogado abunda en escritos y en palabras y en gestos, el juez permanece hasta el día de la sentencia encerrado en una impenetrable torre de marfil: es la esfinge muda, el buda impasible que desde lo alto del estrado te observa con su mirada de porcelana.

Si el juez, al estudiar la causa, tropieza con cualquier escollo del que podría sacarlo inmediatamente cualquier aclaración del defensor, se guarda muy bien de dirigirse a él, y prefiere, con tal de no abandonar su gravedad, hacer una sentencia basada en el equívoco, y de la cual se consuela pensando que será enmendada en apelación...

Juez primero.- Y ¿cómo podría hacer otra cosa, si, cuando el juez estudia la causa, el período de instrucción está ya cerrado y los abogados no pueden ya hablar?

Abogado primero.- Si el juez se da cuenta de que una de las partes, o por haber olvidado registrar un documento o por haber descuidado un término, está a punto de caer en un lazo, no mueve un dedo para ponerla sobre aviso cuando todavía sería tiempo de ello: ve que uno está para caer al foso, y, en vez de agarrarlo por un brazo, lo deja caer y después hace una sentencia muy solemne para declarar que se ha caído...

Juez primero.- ¿Y qué otra cosa podría hacer sin traicionar con ella su imparcialidad?

Abogado segundo.- ¿Se trata de imparcialidad o, más bien, de indiferencia y de holgazanería? El máximo cuidado de los jueces, mientras no han hecho la sentencia, es el de no comprometerse, el de no descubrirse: es necesario, absolutamente, que el abogado ignore hasta el último momento lo que ocurre en sus cerebros. Yo he observado, en mi larga experiencia profesional, que algunos magistrados han tomado la costumbre, mientras escuchan a los abogados que hablan en audiencia, de hacer con la cabeza rítmicos signos de asentimiento. El abogado novato, al ver la cabeza del juez que le dice que sí, se hace la ilusión de tener la victoria entre las manos; pero no sabe el desdichado que la cabeza del juez dirá también que sí a su adversario...

En el rostro de los jueces el hábito ha fijado una especie de máscara profesional, hecha a propósito para dejar desorientado al interlocutor: así, a nosotros los abogados nos ocurre que hemos de esperar la publicación de la sentencia con el mismo ánimo suspenso con que se espera el sorteo de la lotería...

Ningún arte es tan difícil como el de los pronósticos judiciales. A todos los abogados nos ha ocurrido, al menos una vez en nuestra vida profesional, esta experiencia: haber discutido varias causas en los mismos días, y esperar, por consiguiente, también en los mismos días, la publicación de varias sentencias. Acerca del resultado de algunas no nos atrevemos a aventurar pronósticos; pero no falta, entre ellas, alguna que estamos resignados a perder, porque sabemos que es una causa equivocada; y otra, por el contrario, respecto de la cual la victoria nos parece segura, porque estamos convencidos de tener razón... Todos los abogados saben muy bien cómo va indefectiblemente a terminar esta historia: ¡La que se debería ganar se pierde, y la que se debía perder... es un triunfo!

El teórico.- Basta, pues; nuestra discusión ha durado ya bastante, y por hoy me parece que es tiempo ya de separarnos. Aunque se continuase tratando una hora más del mismo tema, resultaría cada vez más evidente que también las lamentaciones de los abogados contra los jueces tienen su primera raíz en la estructura del proceso: es precisamente éste el que ha creado entre los jueces y los abogados la distancia espiritual que ellos justamente deploran...

El ingenuo.- Y según eso, por lo que parece, esta primera conversación se cierra con el siguiente balance: los abogados y los jueces están todos de acuerdo en reconocer que los procesos civiles (al menos como están organizados hasta ahora) se reducen, por una razón o por otra, a un juego de engaños, de incomprensiones, de repercusiones y de adivinanzas... Y entonces, digo yo, ¿no os parece que la verdadera cordura consiste en mantenerse alejado, como hago yo, de los abogados y de los jueces?

El teórico.- A esta pregunta tuya trataremos de darle contestación, si los amigos aquí presentes están dispuestos a continuar el discurso, en otra sesión. Esta conversación ha tenido su origen en tu curiosidad por conocer los méritos del nuevo Código: pero después, el curso de ella nos ha llevado a hablar solamente de los defectos del viejo. Mas no ha sido éste un tiempo perdido: cuando nos volvamos a encontrar, podremos, con mayor facilidad, partiendo de lo que hoy se ha dicho acerca de los inconvenientes del viejo procedimiento, darnos cuenta de la forma en que el nuevo confía ponerles remedio.

Diálogo segundo

En el que se discurre acerca de los modos con los cuales el nuevo Proceso Civil se propone favorecer las buenas relaciones entre jueces y defensores.

"de plano
et sine strepitu"

Abogado primero.- Henos aquí nuevamente, queridos amigos, dispuestos a discurrir acerca del Proceso Civil y de su reforma. Esperamos que esta vez no equivocaremos el camino con digresiones, como nos pasó en nuestra primera reunión. Hoy, precisamente, no querría salir de aquí sin haber aprendido del profesor alguna cosa concreta acerca de la suerte que a los abogados nos reserva el nuevo Código...

Juez primero.- También los jueces tenemos igual curiosidad, en lo que a nosotros se refiere. Procura, pues, satisfacerla, querido profesor; estamos pendientes de tus doctos labios.

El teórico.- Me hacéis demasiado honor al suponer que yo pueda enseñaros algo: en el fondo, el sistema mejor para aprender el nuevo Código sería (perdonadme) el de leerlo atentamente de cabo a rabo, dos o tres veces, prescindiendo absolutamente de los comentarios de los profesores.

Abogado primero.- Sabes muy bien que la divisa sacrosanta de nosotros los abogados es ésta: no hacer nunca hoy aquello que se puede dejar para mañana. Yo, por mi parte, leeré el nuevo Código la primera vez que haya de ponerlo en práctica en un proceso...

El teórico.- Pues entonces, si queréis que, hasta tanto que eso ocurra, os ahorre un poco de trabajo, llamando desde ahora vuestra atención acerca de las disposiciones más interesantes, estoy absolutamente a vuestras órdenes. Reanudemos, pues, el discurso en el punto en que lo habíamos dejado...

El ingenuo.- O sea, si mal no recuerdo, en el punto del "desfasamiento". Ésta es, en efecto, de todo lo que se dijo en la anterior conversación, la única idea clara que me ha quedado en la cabeza: los abogados, válvulas que no van a tiempo con los émbolos, que son los jueces...

El teórico.- Pues partamos de este punto que tanto te ha llamado la atención. Digamos entonces, para no salirnos de la imagen, que el objeto fundamental del nuevo Código de Procedimiento Civil es, precisamente, éste: poner "en fase" el mecanismo de la justicia, haciendo tomar a los abogados y a los jueces la simultaneidad de ritmo que es indispensable para lograr el máximo rendimiento de los mecanismos procesales...

Juez segundo.- ¡Dios mío, qué alegría, para nosotros los jueces, esta reducción de nuestra justicia a una cuestión de émbolos y de engranajes!

Juez primero.- No te alegres tan pronto, colega: el amigo profesor habla en términos de mecánica para hacerse entender por el mecánico que lo escucha, y también, un poco, para ponerse a tono con el estilo dinámico de nuestro tiempo. Pero, en el fondo, también él está persuadido de que hay una cierta diferencia entre los hombres y las ruedas, entre los motores de explosión y la humanidad...

El teórico.- Tan persuadido estoy de ello que, para hablaros del nuevo Código, siento la necesidad de presentaros en primer término un hombre vivo, de la sensibilidad y del instinto del cual dependerá, en gran parte, el éxito de la reforma.

Abogado primero.- ¿De quién se trata?

El teórico.- Del juez instructor.

Abogado segundo.- ¿Has dicho el "juez instructor?" ¿Habrá, pues, en el nuevo Proceso Civil, un juez llamado así?

El teórico.- Precisamente.

Abogado segundo.- ¡Ay! me parece que esto comienza mal: ese nombre, para nosotros los abogados, no anuncia nada bueno... tiene algo de áspero y de agrio, que pone en guardia. En el proceso penal, vosotros lo sabéis igual que yo, las investigaciones del juez instructor se desarrollan en el secreto de su oficina, y los pobres abogados no pueden atravesar el dintel, debiendo hacer antecámara hasta que la instrucción queda cerrada. ¿Se quiere, pues, introducir también en el Proceso Civil, junto con la institución del juez instructor, esta fundamental desconfianza contra los abogados que inspira el procesal penal?

El teórico.- No te alarmes, amigo. El juez instructor del nuevo Proceso Civil se llama así porque no ha sido posible encontrar en el vocabulario una palabra más a propósito para indicar sus funciones; pero, en realidad, entre el juez instructor del proceso penal y el del Proceso Civil no hay de común más que el nombre. En lo penal el juez instructor es un órgano permanente, el mismo para todas las causas; y éstas, antes de tomar su camino a la luz del sol, deben pasar ante él por una serie de secretas indagaciones preliminares, de las cuales están rigurosamente excluidos los abogados; en lo civil, en cambio, el juez instructor es nombrado, caso por caso, para cada proceso que se inicia, y desde el primer momento, su función más importante es la de mantenerse en estrecho contacto con los abogados de las partes. Se puede decir, pues, que en el Proceso Civil el juez instructor representaría, frente a los abogados, el exponente de una tendencia perfectamente opuesta a la que se encarna en el instructor penal: si con respecto a la fase instructoria del proceso penal puede estimarse que el defensor ha sido considerado como un peligroso perturbador de la justicia, el nuevo Proceso Civil ha instituido el juez instructor precisamente con el objeto opuesto, que es el de asegurar a la justicia, desde el momento de iniciarse el proceso, la preciosa colaboración de los abogados.

Abogado primero.- Explícanos, pues, cómo puede tener lugar este milagro.

El teórico.- Naturalmente, yo no puedo entrar aquí, en una conversación que quiere ser amena, a haceros el comentario de todos los artículos del nuevo Código que se refieren al juez instructor; y debo limitarme a algunas ideas fundamentales, para no correr el riesgo de ver dormido a todo el auditorio...

Juez segundo.- (¡Qué venganza, para nosotros los jueces, ver también a los abogados dejarse vencer por el sueño...!).

El teórico.- Se dijo ya en nuestra primera reunión que en el procedimiento sumario, hasta ahora en vigor, la audiencia servía solamente de sala de entrevista para los abogados: solamente cuando éstos, de aplazamiento en aplazamiento, habían poco a poco llenado de escritos sus fascículos, se abría el cortinaje verde y aparecía el colegio para hacerse cargo solemnemente de ellos. Así, el trabajo preparatorio, consistente en examinar las peticiones de prueba contenidas en los escritos de los defensores y en disponer las investigaciones para llegar a conocer la verdad, debía hacerlo, todo él, el colegio en cámara de consejo, pronunciando, para cada medio instructorio que admitiese, otras tantas sentencias interlocutorias. Pues bien, en el nuevo proceso todo este trabajo preparatorio, consistente en disponer las pruebas necesarias para constatar los hechos y en recogerlos, se realizará, sin derroche de inútiles solemnidades, por el juez instructor: y el colegio aparecerá solamente al final, cuando el material probatorio haya sido ya recogido y puesto en orden sobre la mesa, y al colegio no le quede otra cosa que obtener los resultados... Así toda causa, apenas nacida, encontrará, dispuesto para atenderla, su juez instructor...

Juez segundo.- ¿Un juez instructor nombrado especialmente para cada causa?

El teórico.- Así es. También el nuevo Proceso Civil comenzará con una citación, que guardará semejanza con la que ahora se emplea; con esta sola diferencia importante: que las partes, en lugar de darse desde el principio cita para una audiencia ya fijada en el acto de citación, deberán, como primera cosa, depositar en secretaría, dentro de los términos fijados por la ley, sus fascículos conteniendo los escritos preparatorios con los documentos anexos, de modo que sea posible, por la lectura de éstos, tener una idea exacta de la fisonomía de la causa. En este momento el presidente (os hablo del procedimiento tal como se desarrollará ante los órganos colegiados) tomará vista de los fascículos y designará como juez instructor para aquella causa uno cualquiera, a su elección, de los jueces del tribunal, fijando también la primera audiencia en la cual los defensores deberán comparecer ante él. Así, el primer contacto entre el juez y los abogados no tendrá lugar en el aula destinada a las solemnes audiencias colegiales, sino en la oficina del juez instructor, en una atmósfera de confianza y de entendimiento.

Abogado segundo.- Pero entonces, si no he entendido mal, toda la novedad se reduce a un cambio de habitación: antes, con el viejo proceso, se debía, desde la primera audiencia, ascender al piso alto, para encontrarse ante el presidente que señalaba las causas en el aula grande; ahora, con el nuevo proceso, comenzaremos por ir a una habitacioncita del piso bajo, donde los señalamientos nos los acordará el juez instructor...

El teórico.- Me parece que tú no has entendido una palabra (la culpa, desde luego, es mía por no haber sabido explicarme...). La diferencia será, en realidad, mucho más profunda de lo que tú crees. En el viejo proceso, la audiencia presidencial servía solamente para el señalamiento de las causas: y el presidente, ante quien desfilaban en el curso de una hora todas las causas llamadas con voz estentórea por el ujier (en ciertos tribunales podían ser hasta doscientas o trescientas por audiencia), no podía hacer otra cosa que dejarlas pasar sin darse el placer de trabar conocimiento con ellas... En el nuevo proceso, en cambio, el juez instructor será nombrado con el encargo *personal* de seguir de cerca la marcha de aquella causa singular que se le haya confiado; no tendrán lugar ya, ante él, audiencias "en masa", sino que cada audiencia instructoria tendrá el carácter de una reunión particular, fijada especialmente para aquella causa y no para otra. El juez instructor, en suma, no será ya una persona "fungible", que pueda, durante el curso del mismo proceso, cambiar diez veces de cara y de nombre: será un magistrado vivo y reconocible, llamado José o Cayetano, ante el cual las partes, en cualquier momento del proceso, podrán volver con la seguridad de ver una cara conocida... En suma, toda causa, apenas nacida, encontrará en el juez instructor...

Abogado segundo.- ...su comadrona y su nodriza...

El teórico.- Prescindamos de los parangones irreverentes: en todo caso, se podría hablar de un preceptor, que toma la causa en los primeros pasos y no la deja hasta tanto que le parece haberla educado e instruido...

Abogado primero.- Este parangón me trae a la memoria un discurso que me hizo una vez un cliente. Era un campesino toscano, de esos que, bajo el candor de la charla, ocultan a menudo una vena de socarronería bien intencionada; al confiarme la defensa en casación de una causa que se tramitaba desde hacía más de cinco años, me dijo humildemente: "Señor abogado, esta causa la pongo en sus manos: trátemela bien... Ahora ya va siendo mayorcita, tiene casi seis años: dentro de poco se la podrá mandar a la escuela...".

El teórico.- El discurso puede aplicarse también al juez instructor, el cual deberá precisamente encariñarse con cada causa que se le confíe y considerarla (sin esperar que cumpla los seis años) como una criatura que se puede enviar a la escuela...

El ingenuo.- En definitiva, yo, después de todos estos parangones, no he llegado a comprender lo que, en la práctica, hará el juez instructor...

Juez primero.- Bueno, en cuanto a este punto, creo que yo también estoy en situación de aclararte las ideas, porque estas disposiciones del nuevo Código que hablan de los poderes del juez me las he aprendido ya de memoria. Instruir la causa significa, en sustancia, hacer todo lo necesario para poderla presentar al colegio en condiciones de ser resuelta: a tal objeto, el juez instructor, después de haberse orientado a través del estudio de los fascículos depositados por las partes, deberá, en primer término, cuidar de poner en claro cuáles son los puntos esenciales de la causa, las cuestiones claves sobre las cuales deberá concentrarse la investigación probatoria. En este cometido lo ayudará, sobre todo, la continua presencia de los defensores, de los cuales, en las audiencias que tendrán lugar ante él (una o varias, según las necesidades de cada causa), podrá obtener oralmente todas las aclaraciones que considere oportunas para darse cuenta de sus tesis y para estimular sus réplicas. Podrá, en la atmósfera amigable de estas reuniones no solemnes, invitarlos a precisar o a integrar aquellas defensas que le parezcan oscuras o incompletas; podrá, cuando se dé cuenta de alguna irregularidad de los actos, poner de relieve el defecto antes de que se haya hecho irremediable; podrá, en todo momento, invitar a las partes a comparecer en persona ante él, acompañadas por sus defensores; y, aun cuando no siempre consiga conciliarlas, podrá siempre llegar a aproximar sus pretensiones y a simplificar sus discusiones. Y después, una vez que los puntos de investigación hayan quedado claramente fijados, será él, el juez instructor, quien ordenará las pruebas necesarias que se practicarán ante él, fijando una o varias audiencias instructorias, ampliando o restringiendo los términos, admitiendo o rechazando las producciones tardías según las exigencias de la causa; de él solamente, dependerá acelerar o retardar el tiempo de esta fase; y decidir cuando haya llegado el momento de cerrarla para remitir la decisión al colegio...

Abogado segundo.- ¡Te saludo, abogacía! Éste era hasta ahora el cometido tradicional de los defensores: encontrarse quería decir, aproximarse, estudiarse, descubrir recíprocamente las debilidades y las resistencias, hasta hallar finalmente, a través del libre juego de las defensas, los verdaderos puntos de incompatibilidad sobre los cuales el tribunal estaba llamado a pronunciarse. Ahora el juez instructor viene a quitarnos el oficio.

El teórico.- ¡Aquí tenemos al pesimista incurable! Según eso, ¿no has comprendido todavía que todos los poderes conferidos al juez instructor serán necesariamente ejercidos con la presencia continua de ambos defensores? Es necesario que de ahora en adelante vosotros los abogados ceséis de figuraros al juez como a un personaje distante e inaccesible que os contempla, oculto, desde la balaustrada de su torre; entre el juez instructor y los abogados no existirán ya cancelas ni escalones: *"de plano et sine strepitu iudicii"*, como decía la hermosa frase de nuestra tradición italiana; "todos sentados a la misma mesa", se diría hoy. Los poderes del juez instructor, por amplios que sean, no serán, pues, utilizados *inter absentes,* sin el control y sin la cooperación moderadora de los abogados; serán puestos en obra *inter presentes,* previa aclaración recíproca, cara a cara, del pro y del contra.

Abogado segundo.- ¿Y crees tú seriamente que, de este modo, las relaciones entre los jueces y los abogados resultarán mejores?

El teórico.- Estoy seguro de ello: porque creo que este nuevo procedimiento está ordenado en forma que inducirá a los unos y a los otros a abandonar los viejos hábitos que los mantenían en desconfianza, y a poner en práctica sus cualidades mejores, que el viejo procedimiento hacía permanecer inoperantes.

Juez primero.- Yo también creo que la entrada en vigor del nuevo Código producirá en los jueces y en los abogados un cambio de psicología. Para ser buen juez instructor será necesario que el magistrado abandone la actitud puramente pasiva que hasta ahora parecía inseparable de su mentalidad profesional: será necesario dejarla así como la tradicional contraposición, que se repite con significación de símbolo psicológico, entre los abogados que están en pie y los jueces que están sentados. También los magistrados deberán habituarse a levantarse de sus escaños, a moverse, a actuar, a gesticular: de pasivos deberán convertirse en activos, de estáticos en dinámicos...

Juez segundo.- He aquí que también mi estimado colega, con su juvenil entusiasmo, empieza a soñar que las salas de justicia se trasformen en el futuro en palestras de gimnasia... Moverse, accionar, gesticular, activismo, dinamismo: virtudes bellísimas para un atleta. Pero en este caso, en lo que respecta a nosotros los jueces, no se trata de hacer gimnasia de cámara: se trata de *juzgar,* esto es, de pensar y de sentenciar según justicia... ¡Lo que nada tiene que ver con los gestos, ni con el dinamismo! Desde que el mundo es mundo, la virtud esencial de los jueces ha sido considerada la imparcialidad; pero, para ser imparciales, para mantener ante las causas a decidir aquella actitud de indiferencia inicial sin la cual también la balanza resulta embustera, es necesario, imprescindiblemente, esperar que los problemas a resolver nos sean presentados por las partes, y que provean los defensores a buscar, cada uno por el propio cliente, los argumentos aptos para convencernos. Vosotros queréis que, de ahora en adelante, los jueces compitan con los abogados en tomar iniciativas audaces; pero ¿cómo podremos, en tal caso, continuar siendo imparciales, si cada iniciativa implica una elección y, por consiguiente, una parcialidad?

Abogado primero.- Palabras de oro...

Juez primero.- Un momento, un momento. Mi colega habla como si el nuevo Proceso Civil quisiera trasformar a los jueces en partes. Pero es necesario no confundir las cosas: en el nuevo proceso, lo mismo que en el viejo, el juez tampoco se moverá sino a petición de parte; y los hechos sobre los cuales el juez deberá decidir serán aquellos, y solamente aquellos, que las partes hayan alegado. A nadie se le ha ocurrido borrar de los juicios civiles los venerados aforismo *"nemo iudex sine actore", "ne procedat iudex ex officio", "iudex secundum allegata decidere debet",* y demás análogos. Pero, aun siguiendo reservado a los defensores el oficio tradicional de formular los temas sobre los cuales el juez deberá decidir, el juez no estará ya ligado a la iniciativa de los defensores cuando se trate de procurarse los instrumentos ópticos para ver claro en los temas que se le sometan. En suma, ¿en el Proceso Civil los ojos a los cuales se pide que disciernan la verdad, son o no son los del juez? Y entonces, si es él quien debe ver, dejadle al menos la facultad de escoger por sí mismo las gafas hechas a la medida de su vista...

Juez segundo.- Mientras que, si el juez se confiara solamente a los abogados, correría el riesgo de encontrarse en sus narices un par de cristales ahumados...

Juez primero.- El juez, en el nuevo proceso, deberá habituarse a poner en práctica por sí mismo, sin esperar que los abogados se los sugieran, los medios que le parezcan más aptos para descubrir la verdad: interrogar directamente a las partes, hacerse llevar a la audiencia los objetos sobre los cuales vierte la disputa, hacerse ayudar en sus investigaciones por consultores técnicos, moverse para ir a inspeccionar personas y cosas. No debe temer parecer curioso: más bien debe considerar la curiosidad como el primer deber de su oficio. Debe habituarse a preguntar, a estimular, a refutar, sin tener miedo de dejar traslucir de este modo lo que piensa de la causa. Si la afirmación de un litigante le parece no verídica, ¿por qué ha de abstenerse de invitar al embustero a decir la verdad? Si el argumento de un defensor le parece equivocado, ¿por qué ha de abstenerse de decirle sinceramente que él es de opinión contraria? Hasta ahora el juez se mantenía apartado y receloso, como el jugador que teme que le vean las cartas; de ahora en adelante, si el juez y los abogados quieren evitar los malentendidos, será necesario que todos, incluso el juez, pongan las cartas sobre la mesa...

Abogado segundo.- Me parece que ya lo he entendido: de ahora en adelante será el juez quien nos enseñará a los abogados cómo se debe defender las causas... En lugar del juez instructor, tendremos de ahora en adelante, para mantenernos disciplinados, el juez preceptor... Así, también de viejos, volveremos a la escuela.

Juez segundo.- La acostumbrada vanidad profesional de los abogados: la conocida pretensión de que los abogados, estos superhombres del proceso, no tienen nada que aprender de nosotros los pobres jueces...

Abogado primero.- No es eso; es que abogados y jueces no son cantidades homogéneas que se puedan pesar en la misma balanza. Las virtudes más hermosas de los abogados se convertirían, trasladadas a los jueces, en faltas gravísimas, y viceversa. Su colaboración no puede fundarse más que en el respeto recíproco de su diversidad. Cada uno de ellos debe apreciar los propios límites: *ne sutor ultra crepidam.*

(Pausa de mal humor: el profesor, para evitar que el diálogo se envenene, continúa su explicación).

El teórico.- ¡Este animado cambio de ideas me hace darme cuenta de que los abogados se sienten, sobre todo, recelosos de esta invasión del juez instructor, que, según ellos, amenazaría anular su función!!!

Abogado segundo.- Eso precisamente...

El teórico.- Pues bien, yo os digo que, razonando así, demostráis no ser capaces de ver más allá de vuestras narices... En efecto, os bastaría reflexionar un instante para comprender esta simplicísima verdad: *que en el nuevo proceso, a los mayores poderes del juez instructor corresponderá un aumento proporcional de los poderes de los abogados.*

Abogado primero.- Eso sí que no consigo entenderlo: si el juez instructor puede andar por su camino prescindiendo de los abogados, ¿cómo se puede decir que esto significará para los abogados un aumento de importancia?

El teórico.- La cosa es muy sencilla. Vosotros sabéis que el juez, para llegar a decidir las causas, debe seguir un largo itinerario lógico, durante el cual se le presentan, como si fueran otras tantas etapas, numerosas cuestiones a resolver, de derecho y de hecho: y su sentencia es la conclusión última de estas premisas concatenadas.

Abogado segundo.- Sí, sí, éste es el famoso silogismo judicial, que hemos aprendido en las aulas...

El teórico.- Precisamente. Ahora bien, vosotros los abogados no debéis olvidar que en el procedimiento hasta ahora en vigor este silogismo judicial se creaba por entero en cámara de consejo, con una gestación enteramente sustraída a toda injerencia de los defensores: el relator, en efecto, se ponía a estudiar la causa cuando ya los abogados habían dicho su última palabra, y era él quien en secreto indicaba al colegio el camino lógico a seguir, sin que a los abogados les fuese permitido conocer el camino que aquél había elegido y acompañarlo al menos en el primer tramo del mismo... En el nuevo proceso, en cambio, los abogados seréis autorizados para acompañar al juez en todas las etapas de su silogismo, precisamente hasta el dintel de la sentencia definitiva; por el modo con que el instructor formule sus observaciones, por la prueba que admita, por los criterios que siga para poner en orden las cuestiones (e incluso también por la franca comunicación de sus dudas sobre algunas de vuestras tesis de defensa) los abogados podréis daros cuenta de la orientación de su pensamiento y seguir de cerca las etapas de su razonamiento; si no sois ciegos, le leeréis en los ojos su opinión. Y si os dais cuenta de que está a punto de tomar un camino equivocado, podréis hacer lo que esté en vuestra mano, antes de que sea demasiado tarde, para volverlo al buen camino. Es verdad que también en el nuevo proceso la decisión estará reservada al colegio; pero, en suma, el juez instructor, que después, en la deliberación colegial, tendrá siempre el oficio de relator, será durante la instrucción el ojo del colegio. Bastará con que vosotros sepáis mirar en aquel ojo, para leer en él, con gran aproximación, el humor del órgano deliberante; y así, más tarde, vuestra defensa ante el colegio no se realizará tan a ciegas...

Abogado segundo.- Pero, de este modo, el juez instructor será omnipotente: cuando haya tomado una dirección, ¿quién lo detendrá?.

El teórico.- Lo detendrá el colegio; que, aun cuando el juez instructor sea el ojo, será siempre, en definitiva, el cerebro pensante...

Abogado segundo.- ¡Dejadme de colegio! El único de los tres que habrá visto la cara a los litigantes y a los testigos, será el juez instructor; el planteamiento de las cuestiones, en el cual está en germen la solución de la causa, será obra suya... ¿Qué podrá hacer el colegio sino poner las firmas a la sentencia preparada por él?

El teórico.- Aun cuando en el nuevo proceso las cosas fuesen como tú dices, no resultaría de ello, desde luego, un empeoramiento: también bajo el viejo Código se había oído siempre decir que la colegiación era una ilusión, porque el verdadero *dominus* de la sentencia resultaba siempre, también en las deliberaciones colegiales, el juez único, esto es, el juez relator. Pero, en realidad, en el nuevo Código habrá una diferencia, que resultará a favor de los abogados: mientras en el proceso vigente hasta ahora, este predominio del juez relator funcionaba en secreto, sin que el defensor pudiera reaccionar en modo alguno contra él, en el nuevo proceso los abogados, al presentarse frente al colegio, no se encontrarán completamente a oscuras (como ocurría hasta ahora) en cuanto a las inclinaciones y a las propensiones del juez relator: y de la defensa ante el colegio podrán servirse con eficacia precisamente para llamar la atención de los otros jueces acerca de las desviaciones del instructor y para estimular, en cuanto a los puntos justos, el control eficaz de la colegiación.

Juez primero.- Es necesario reconocer, desde luego, que, desde este punto de vista, la defensa de los abogados ante el colegio aumentará en importancia en el nuevo proceso...

El teórico.- Me parece que los abogados pueden estar contentos de este primer reconocimiento, tan sereno, del amigo juez... Pero ahora debe decirse una cosa, y es la siguiente: que, con la entrada en vigor del nuevo proceso, será necesario que los abogados y los jueces se resignen a modificar, no solamente su mentalidad, sino también sus métodos y sus horarios de trabajo...

(Muestras de consternación general).

Abogado segundo y Juez segundo.- *(Simultáneamente)* ¿Qué tienen que ver los horarios de trabajo?

El teórico.- Os lo explicaré inmediatamente. Me parece que el cambio de costumbres debe comenzar no solamente desde el inicio del proceso, sino aun antes de que el proceso se inicie: esto es, por el estudio preliminar de la causa. A este respecto, yo pido a los amigos abogados que me respondan con absoluta sinceridad a esta pregunta: ¿cuál es el momento del proceso en que, hasta ahora, los defensores estudiaban las causas?

Abogado primero.- A decir verdad, la costumbre de los abogados ha sido siempre ésta: las causas, primero se proponen y después se estudian. La citación es apenas un esbozo, una indicación, una directriz; pero el estudio de las cuestiones se profundiza y se perfecciona a lo largo del camino. A medida que el adversario nos opone un argumento, se estudia aquel punto para preparar la réplica; las cuestiones, que en un principio estaban superpuestas y confundidas, se encuadran y entran en juego una tras otra. La verdadera fisonomía de la causa va apareciendo trozo por trozo, a fuerza de razonamiento, como en las calcomanías de los niños.

El teórico.- Y bien: de ahora en adelante será necesario que cambiéis de sistema; antes de iniciar una causa, deberéis dedicaros a estudiarla a fondo. Y esto, por dos razones.

La primera, porque el nuevo Código, a fin de inducir a los litigantes a volcar desde un principio el saco de sus razones, hará normalmente impracticable la gradual adaptación de las defensas en curso de causa. Las pruebas deberán ser propuestas desde la citación; nuevas deducciones serán, por lo general, prohibidas después de la primera audiencia instructoria; y la prohibición de nuevas pruebas y de nuevas excepciones en apelación limitará considerablemente la posibilidad de reparar en segunda instancia los inconvenientes producidos por una defensa equivocada en primer grado. El abogado deberá, pues, tener en cuenta desde un principio toda la causa, y apresurarse a presentar en tiempo todas las defensas; porque podrá bastar una negligencia suya o un descuido para arruinar sin remedio las razones del cliente.

Pero este estudio preventivo de la causa será necesario por otro motivo: pensad que, desde la primera audiencia, el defensor se encontrará frente a un juez instructor perfectamente informado de las causas, del cual deberá esperarse, en el conocimiento oral que podrá empezar inmediatamente, peticiones de aclaraciones sobre todos los puntos. Si no quiere hacer una figura desdichada y traicionar los intereses del cliente, el abogado deberá, pues, prepararse anticipadamente a responder con firmeza a todas las posibles curiosidades del juez...

Juez segundo.- Mis queridos amigos abogados, será necesario, de ahora en adelante, andar derechos... Hoy en día, cuando en audiencia os ponéis a hablar ante un colegio que ignora el abecé de la causa, podéis columpiaros a vuestro placer sin que los jueces se den cuenta de las lagunas de vuestra preparación. Pero mañana, cuando el juez instructor sentado ante vosotros os pida amablemente que lo ilustréis acerca de una cuestión jurídica no suficientemente aclarada en vuestros escritos, no le podréis rogar que tenga un poco de paciencia y que os dé tiempo de correr a vuestro estudio a consultar la voz correspondiente del "Nuovo Digesto Italiano"...

Abogado segundo.- Pero, ¿es seguro que el juez instructor podrá llegar a la audiencia tan perfectamente informado de la causa como os imagináis?

El teórico.- Ésta es una de las condiciones indispensables para el éxito del nuevo procedimiento: y precisamente a este objeto está preordenado el depósito preventivo de los fascículos de parte y la formación del fascículo de oficio, el estudio de los cuales permitirá al juez instructor asumir desde la primera audiencia la dirección efectiva del debate.

Abogado segundo.- ¿Y qué ocurrirá si, no obstante el depósito de los escritos preparatorios, el juez instructor llega a la audiencia sin haberlos mirado siquiera? ¿Si el sistema que tú censuras a los abogados, de estudiar las causas a medida que avanzan, resultara ser el preferido precisamente por los jueces? Yo tengo un gran miedo de que la audiencia instructoria, que tú, en tu candor de teórico, imaginas tan rica de movimiento y de sorpresa, resulte en la realidad una cosa asaz monótona y burocrática: el juez instructor se nos presentará fastidiado y distraído, con el sólo objeto de hacer acto de presencia; los abogados dictarán al secretario (o acaso le entregarán ya preparadas por escrito) las deducciones para que extienda el acta; y lo mismo en la sesión siguiente...

El teórico.- Esto sería, seamos francos, la quiebra de la reforma. Si la audiencia instructoria hubiera de ser considerada por los jueces como un pasatiempo, si toda la función del juez instructor se hubiera de reducir a estampar, bostezando, alguna firma en el acta redactada por el secretario... más valdría, verdaderamente, seguir como estamos. Por esto, como ya os he dicho, es indispensable que también los jueces (y no solamente los abogados) se creen una nueva mentalidad, habituándose a considerar la audiencia instructoria como la fase más importante de todo el proceso, y el buen éxito de ella, como un compromiso de honor para ellos.

El ingenuo.- Perdonadme si interrumpo por un momento, con una petición de carácter práctico, vuestras hermosas argumentaciones. Por lo que me ha parecido entender, cada causa deberá tener desde el principio su juez instructor: lo que quiere decir, si no he entendido mal, que a cada juez instructor se le deberá confiar una sola causa y no varias. Pero, ¿cómo será esto posible, si hasta ahora en cada audiencia (yo mismo lo he visto con mis propios ojos) se encontraban reunidas ante un solo magistrado decenas y decenas y acaso centenares de causas? ¿Existirán, pues, de ahora en adelante, en cada tribunal, centenares de jueces instructores y centenares de secretarios para permitir que cada causa tenga su instrucción propia? ¿Y dónde estarán los locales para permitir a esta población de jueces instructores trabajar en paz, cada uno en su oficina, como otras tantas abejas en su propia celda?

Juez primero.- Has tocado, sin darte cuenta de ello, el *punctum pruriens* de la reforma. Las disertaciones del amigo profesor acerca del espíritu de iniciativa que deberá animar al juez instructor y sobre el celo que él mismo deberá poner en el estudio a fondo de las causas desde el principio son bellas y conmovedoras; pero, en la práctica, ¿cómo hará el juez instructor para dedicarse a las causas ("como una nodriza", ha dicho alguno) si ha de llevar simultáneamente en los brazos unas cuantas decenas?

Juez segundo.- ¿Y cómo habrá de hacer el juez instructor para explorar con atención y sin prisa todos los aspectos del proceso a él confiado, si le es imposible encontrar en los locales de la justicia, no digo una habitación exclusivamente para él, sino, por lo menos, una mesita y alguna silla y un secretario a su disposición.

El teórico.- Todo esto, mis queridos amigos, no tiene que ver nada con el Código de Procedimiento: si he de explicaros cómo funcionará el nuevo Proceso Civil, es necesario que yo dé por resueltos los problemas atinentes al personal y a los locales. Considerad, por de pronto, que, en las audiencias presidenciales del viejo procedimiento, las causas se presentaban como mucho más numerosas de lo que eran en realidad, porque cada causa, de aplazamiento en aplazamiento, reaparecía en audiencia hasta cinco o más veces, y porque, a través de las sentencias interlocutorias, la que había comenzado como una causa sola prolificaba dando numerosas ramificaciones, es de esperar, pues, que cuando entre en vigor el nuevo procedimiento, la desproporción entre el número de las causas y el número de los magistrados necesarios para instruirlas, no será tan grande como a primera vista podría temerse.

Considerad también que cada juez podrá, simultáneamente, atender a la instrucción de más de una causa (con tal que, se comprende, no tenga demasiadas, de modo que no deba descuidar todas ellas...).

Pero, en términos generales, yo debo lealmente declarar que todo lo que he dicho hasta ahora y lo que os diré sobre el nuevo proceso, parte del supuesto de que existan jueces en funciones en número correspondiente a las exigencias del nuevo procedimiento, y de que los locales judiciales estén, como se suele decir, a la altura de la situación... A falta de lo cual, estos razonamientos nuestros no pasarían de tener un carácter puramente académico.

El ingenuo.- Desde luego, aunque también en cuanto a las academias existe el proverbio antiguo: "las academias se hacen..." y lo que sigue.

El teórico.- Pero bien, en vez de divagar, yo os invito a considerar que los nuevos métodos de trabajo que se impondrán a los defensores y a los jueces llevarán necesariamente a un cambio de estilo en la oratoria forense. La forma escrita no será ya el trámite único e indispensable de las defensas: los escritos tendrán una función introductoria y preparatoria, pero la instrucción tendrá carácter esencialmente oral. Por consiguiente...

Juez primero y Juez segundo.- *(Simultáneamente).* Por consiguiente, los señores abogados escribirán menos...

Abogado primero y Abogado segundo.- *(Simultáneamente)...* pero hablarán más.

El teórico.- Hablarán más, es cierto, pero hablarán de otro modo: no digo que hablarán "mejor" en el sentido artístico, pero hablarán "más útilmente" con el objeto práctico de informar y de persuadir al juez. La palabra de los abogados deberá llegar a ser, como cierta arquitectura moderna, cada vez más "funcional"; el diálogo sustituirá al monólogo, las frases cortadas de la conversación sustituirán a los períodos redondos de la *recitatio solemnis.* En la fase instructoria no habrá ya lugar para los alardes de elocuencia, porque la mesa en torno a la cual se estará sentado no será un trampolín apto para las demostraciones oratorias; pero habrá aquella comprensión inmediata entre interlocutores próximos, que permite decir todo lo que es necesario, y ni una palabra más.

Juez segundo.- Y si os salís del camino del juez instructor os interrumpirá...

Abogado segundo.- Y nosotros, de buena gana, aceptaremos las interrupciones, porque cuando el juez interrumpe quiere decir que, por una vez al menos, ha entendido.

Abogado primero.- Y, además, es precisamente frente al fuego graneado de las interrupciones donde se mide la resistencia de las tesis defensionales: yo mismo he hecho repetidas experiencias en casación.

Juez primero.- Veamos.

Abogado primero.- La Corte de Casación, como sabéis, es el único órgano judicial ante el cual se respetan todavía las tradiciones de la elocuencia forense: para todos los recursos, por lo general, tiene lugar la discusión oral. Pero, naturalmente, como a cada audiencia pueden serle asignados ocho o diez recursos, en cada uno de los cuales debe primero informar el consejero relator, después discutir, por lo menos, un defensor por parte, y, finalmente, concluir el procurador general, es necesario que los discursos de todos los interlocutores estén regulados cronométricamente si se quiere que la audiencia termine antes de que anochezca... Podéis calcular vosotros mismos que, aun no concediendo a cada informe más de un cuarto de hora, ciertas audiencias más recargadas no pueden terminarse en menos de siete u ocho horas. Y es necesario, por eso, que el abogado casacionista, para no exceder en la discusión oral los límites impuestos por la discreción, adopte un tipo de elocuencia simple y concentrada, en la cual se toquen solamente los puntos esenciales del recurso. Para hacer esto es necesario, naturalmente, que el abogado haya preparado anticipadamente un esquema de lo que dirá: para ser prolijos se puede incluso improvisar, pero para ser concisos es necesario haber seleccionado anticipadamente y puesto en orden los argumentos. Hacer esto no es difícil, con un poco de práctica, si el colegio permanece en silencio escuchando; pero las cosas comienzan a complicarse cuando uno se topa con algún presidente menos tolerante, el cual, en vez de dejar al abogado que desarrolle el hilo de su discurso tal como lo había preparado, lo interrumpe en lo mejor, y le dice: "Abogado, en cuanto a este punto, la corte está ya informada. Lo invito a desarrollar con preferencia este otro punto..." ¿Qué es lo que ocurre en estos momentos catastróficos? Es necesario distinguir. Si el abogado conoce a fondo la causa y está convencido de que sostiene una tesis justa, estas interrupciones no lo desconciertan e incluso le sirven de estímulo: aun cuando por ello pierda el hilo del discurso, recobra en seguida, por el dominio que tiene de la causa, la ilación de las ideas, y se siente inmediatamente en situación de satisfacer el deseo del presidente. Pero si toda la información que el abogado tiene de la causa se reduce a aquellos cuatro argumentos que había aprendido de memoria media hora antes (como ocurre cuando un abogado viene a la audiencia a informar en un recurso preparado por otro) se puede estar seguro de que la primera interrogación será suficiente, como un pinchazo, para desinflar aquella vejiga: y el orador, reducido al silencio, saldrá del aula con aire ofendido, refunfuñando que de este modo se conculca la libertad de la defensa.

Juez primero.- En realidad, me parece que, en este caso, la libertad de la defensa no tiene nada que ver: la misma, en efecto, no ha significado nunca libertad de hacer perder el tiempo a los jueces, constriñéndolos a escuchar charlas inútiles...

Abogado segundo.- A propósito de las charlas inútiles, vuestros discursos me hacen venir a la memoria un recuerdo de mi noviciado profesional, cuando frecuentaba, para practicar, también las audiencias penales de las preturas. Una vez, la audiencia estaba presidida por un vicepretor honorario, un joven abogado de mi edad; y otro abogado amigo nuestro representaba al Ministerio Público. Yo defendía a un pobre diablo imputado no recuerdo ya de qué contravención, que podía llevar aparejada una pena de algún mes de arresto. Había pasado ya medio día; y como no quedaba por tratar más que mi causa, el pretor quiso despacharla también antes de cerrar la audiencia. Nos llamó al lado de su sillón, al representante del Ministerio Público y a mí, y nos dijo: "Muchachos; tengo hambre; ganará la causa el que haga el discurso más breve". Volvimos a nuestros puestos, preparados para la competencia. Se puso en pie el representante del Ministerio Público, y tendiendo hacia el pretor la diestra con tres dedos levantados como si jugase a la *morra,* dijo simplemente: "¡Tres!", y no añadió nada más para hacer comprender que solicitaba tres meses de arresto. Me sentí perdido: ¿cómo conseguiría ser más breve que él? Me levanté a mi vez y sin decir una palabra hice con el brazo y con la cabeza un mudo pero enérgico gesto de oposición; y me senté de nuevo. El acusado fue absuelto...

Juez primero.- ¿Qué tiene que ver esta historia con el nuevo Proceso Civil?

Abogado segundo.- Tiene que ver más de lo que os figuráis. La misma, en efecto, puede demostraros a lo que se reducirá, en el nuevo

Proceso Civil, la oratoria de los abogados. La elocuencia forense, esta noble voz del valor cívico, arte clásica hecha para traducir el rigor del derecho en palabras de conmovedora humanidad, se reducirá a una conversación desaliñada y desordenada, a un balbuceo de frases sin terminar cuando, en absoluto, por miedo de caer en la oratoria, no lleguemos a entendernos a fuerza de gestos y de guiños de ojos...

El teórico.- Tú olvidas, querido amigo, que esta necesaria trasformación de la oratoria en diálogo conversado tendrá aplicación a la fase instructoria, pero no a la fase colegiada. Ante el colegio, en efecto, la discusión oral tendrá un carácter panorámico y conclusivo de todas las cuestiones de la causa: y precisamente porque esta discusión habrá estado precedida por las conversaciones del período instructorio, podrá alcanzar la eficacia demostrativa y polémica y el decoro formal que en el proceso, hasta ahora en vigor, no lograba en muchas ocasiones.

Se ha dicho ya hasta la saciedad que, en el viejo proceso, la discusión oral había perdido toda reputación porque, debiéndose desarrollar ante un colegio de magistrados ignorantes de la causa, la misma se reducía casi siempre a una batalla contra molinos de viento. Pero, en el nuevo proceso, la audiencia colegial se deberá desarrollar, merced a la instrucción anteriormente realizada, en una atmósfera de recíproca atención: los jueces del colegio conocerán ya, por la relación del juez instructor, las cuestiones salientes de la causa; los defensores estarán enterados, antes de ponerse a discutir, de los puntos cruciales respecto de los cuales el colegio tendrá más necesidad de aclaraciones.

A la discusión oral ante el colegio se le restituirá, por tanto, la función altísima de iluminar y de persuadir a los jueces: y cuando estos se hayan dado cuenta de su utilidad, bastará esto para hacer que también en los Procesos Civiles la elocuencia forense, convertida de nuevo en cosa útil, vuelva a ser admirada.

Abogado primero.- Todo esto no excluye que, con el nuevo Código civil, el centro de gravedad del proceso se encuentre desplazado de la audiencia colegial a la audiencia instructoria; y que la habilidad del abogado deba ponerse de manifiesto de ahora en adelante, más que en la elocuencia togada ante el colegio, en el tacto y en la urbanidad ante la mesa del juez instructor.

El teórico.- Me parece probable; y precisamente por esto, pienso que los abogados deberán forzosamente resignarse a abandonar ciertas inveteradas costumbres de trabajo. Como sabéis, los viejos abogados raramente se encuentran hoy en las audiencias civiles...

Abogado primero.- ¡Y se comprende! Para pedir un aplazamiento o para cambiar un escrito en la audiencia presidencial bastaba hasta ahora un pasante: para leer las conclusiones en la audiencia colegial era incluso demasiado el procurador...

El teórico.- Sin duda alguna; pero en el nuevo proceso la suerte de una causa podrá depender de la primera impresión que el juez instructor saque de la formulación oral de las cuestiones y de las réplicas inmediatas a las objeciones del adversario. Será necesario, pues, que el defensor, aun cuando sea un abogado príncipe, vaya personalmente a la audiencia, cuando la causa le interese; para responder a las aclaraciones que el juez instructor podrá pedir sobre cualquier punto de la causa, y quizá sobre ciertos aspectos imprevistos que se manifestarán por primera vez en la audiencia, no bastará un sustituto inexperto o un empleado de estudio...

Abogado segundo.- Pero, ¿cómo haremos los abogados, si cada causa se ha de desarrollar ante un juez instructor propio, para seguir personalmente todas nuestras causas? Si los varios jueces instructores celebran audiencias simultáneamente, ¿cómo haremos para estar presentes a la misma hora ante cada uno de ellos?

Juez primero.- Éstas son pequeñas dificultades prácticas que se acomodarán por el camino; con un poco de buena voluntad se llegará fácilmente en cada tribunal a establecer el calendario de las audiencias instructorias en forma que concilie las exigencias de los jueces con las de los profesionales. No solamente podrá ocurrir que un solo abogado tenga varias causas que defender; sino que podrá ocurrir también que en el mismo período de tiempo un juez tenga varias causas por instruir; y se proveerá, caso por caso, a eliminar las incompatibilidades y las coincidencias. No olvidéis el carácter elástico y antiformalista del nuevo procedimiento, y los poderes amplísimos de que el juez instructor podrá servirse para regular el curso de la instrucción de modo que satisfaga las exigencias concretas de cada causa singular. Si en la misma mañana un abogado ha de asistir a dos audiencias instructorias diversas, será necesario que la una o la otra se aplace para otra sesión.

Juez segundo.- Pero entonces, ¿también en el nuevo proceso existirán los aplazamientos? ¿No habíais dicho que los aplazamientos, el escándalo del viejo procedimiento, habían sido absolutamente eliminados del nuevo proceso?

El teórico.- No exageremos. Serán eliminados en toda fase del proceso los aplazamientos acordados entre las partes, y en la fase colegial también los de oficio serán rigurosamente limitados a los solos casos de fuerza mayor. Pero en la fase instructoria, es necesario que exista la posibilidad de alguna postergación para los casos en que el juez instructor se dé cuenta de que no puede agotar su cometido en una sola audiencia. Si ordena a una parte que presente un documento, deberá necesariamente remitir a otro día la continuación del proceso, para dar tiempo a la parte de producirlo; si admite una prueba testimonial, deberá fijar una nueva audiencia para la presentación de los testigos. En todo estos casos, y en otros muchos, el aplazamiento será indispensable; pero no se tratará de uno de aquellos aplazamientos sin objeto, como se acostumbraba en el viejo proceso, acordados entre los abogados para su comodidad y sin control del juez.

En el nuevo proceso, los aplazamientos de la fase instructoria no servirán, como ocurría hasta ahora, para perder el tiempo y para ir dilatando sucesivamente el momento en que el juez puede iniciar su trabajo, sino que marcarán las necesarias etapas de un trabajo ya iniciado, que avanza hacia la meta siguiendo el ritmo fijado por el juez. En el viejo proceso, en suma, cuando la audiencia se remitía, quería decir que en aquella audiencia el juez no había conseguido nada práctico; en el nuevo proceso, en cambio, cada postergación significará que el juez ha dado un paso más para el cumplimiento de su cometido.

Abogado primero.- Todo esto, como se puede fácilmente prever, hará necesaria la presencia del abogado en toda audiencia, porque en todas ellas podrá presentarse para el abogado la ocasión de hacer sentir el peso intelectual y moral de su patrocinio: y acaso la distinción entre abogados y procuradores irá atenuándose cada vez más, porque, si el procurador va a la audiencia sin el abogado, será bien necesario que esté preparado para responder él, en lugar del abogado, a las preguntas del instructor, y deberá, por consiguiente, si no quiere quedar con la boca abierta, haber estudiado la causa lo mismo que el defensor.

No será ya posible a los profesionales legales tratar las causas civiles por correspondencia, remitiendo los escritos ya preparados al domiciliatario y sirviéndose de él como de un simple recadero: también el abogado deberá cada día, lo mismo que el procurador, subir la escalera del palacio de justicia...

El teórico.- Ésta es, probablemente, la razón por la cual en la terminología del nuevo Código no existe distinción entre abogados y procuradores comprendidos, los unos y los otros, con la misma denominación de "defensores".

Abogado segundo.- La conclusión de este razonamiento me parece obvia: veremos todavía a los abogados más viejos y más reputados, volver de nuevo, a sus cincuenta o sesenta años, a correr por los pasillos de los tribunales... Se puede alimentar alguna duda en cuanto a los otros defectos de la reforma, pero uno al menos es seguro: que la misma servirá magníficamente para introducir el desorden en la vida de los abogados.

Juez segundo.- Se podría objetar, en disculpa de ello, que el procedimiento está hecho para servir a la justicia, y no para asegurar la felicidad doméstica de los abogados...

Abogado primero.- Por mi parte, creo que no se debe dar demasiada importancia a estos cambios puramente extrínsecos de horario y de métodos de trabajo que el nuevo Código impondrá ciertamente a los abogados: el noviciado que nos impondrá la reforma a los profesionales tendrá especialmente para los más viejos, algún inconveniente, pero todo esto se soportaría de buena gana si, en el nuevo proceso, la posición de los abogados se encontrase verdaderamente, como se promete, moralmente realzada.

El teórico.- No me parece que pueda dudarse de que entre los efectos más evidentes del nuevo procedimiento figurará el de elevar al abogado en la consideración de los jueces, y precisamente acerca de este punto yo querría llamar la atención de los amigos abogados, los cuales, celosos como son de su dignidad profesional, se asombran ante las reformas y se inclinan con facilidad a sospechar que estas se hacen por odio a ellos.

Abogado segundo.- ¡Me echo a temblar! En alabanza de los abogados se leen en las relaciones y en los discursos bellísimas frases de simpatía; pero si después se va a mirar de cerca los artículos de los

Códigos, se ve que, en realidad, la obra del abogado es considerada cada vez con mayor desconfianza y sometida a disciplina cada vez más rigurosa.

El teórico.- Es precisamente en esto en lo que me parece que te equivocas. También yo sé que las frases de simpatía, consideradas en sí mismas, tienen poca importancia; lo que importa es que, por virtud de la estructura del proceso, la presencia de los abogados se manifieste, a los ojos mismos de los magistrados, no sólo deseable, sino también indispensable.

Ahora bien; a esto precisamente se dirige la reforma: de ahora en adelante todas las actividades que en el proceso podrán realizar los abogados y los jueces encontrarán la primera justificación en su utilidad práctica; todas las paradas innecesarias, todas las formalidades sin objeto, quedarán abolidas.

El viejo proceso parecía hecho a posta para poner a los magistrados en berlina en presencia de los abogados, y viceversa; ver a un presidente de tribunal perder la mañana desgañitándose para señalar cien causas una tras otra era un espectáculo que daba pena, y que ciertamente no servía para realzar la figura del magistrado en la consideración de los abogados que asistían a ella; y, viceversa, los magistrados sentados a su mesa, no podían tomar muy en serio a los abogados cuando los veían ponerse su toga para celebrar aquella ridícula ceremonia, algo así como una parodia o un aborto de discusión oral, que se llamaba "lectura de las conclusiones"...

Esta especie de repugnancia por las formalidades inútiles, que inconscientemente se trasformaba en desprecio por las personas constreñidas a observarlas, desaparecerá del nuevo Proceso Civil, el cual restituirá a los abogados y a los magistrados, en todo momento de sus relaciones, la dignidad y la fe en la utilidad humana de la obra propia, sin la cual un hombre no puede aspirar a la estimación de sus semejantes.

Abogado primero.- Y además, bien considerado, la estimación y la confianza recíproca resultará favorecida y aumentada entre los magistrados y los abogados por esta continua proximidad en la fase instructoria; yo creo que, por lo general, los hombres aumentan de valor cuando se los conoce de cerca; también los abogados y los magistrados, cuando se conozcan mejor, se estimarán más.

Juez primero.- En realidad, el nuevo Código confía mucho en esta atmósfera de confianza y de colaboración, en la cual, especialmente en virtud de la fase instructoria, deberán desarrollarse de ahora en adelante las relaciones entre los jueces y los defensores. Existe, en el nuevo procedimiento, un artículo que afirma el deber de las partes y de los defensores de comportarse en juicio con lealtad y probidad; pero el Código ha sabido guardarse de incurrir en el error psicológico en que había incurrido uno de los proyectos, el cual había considerado oportuno reforzar la proclamación de este deber con la amenaza de gravísimas multas a cargo de las partes y de los defensores poco veraces...

Abogado segundo.- Diez mil liras por un embuste: precios de verdadera ocasión...

Juez primero.- El nuevo Código, en cambio, ha pensado lógicamente que para hacer respetar esta exigencia de lealtad podrá servir, más que cualquier amenaza y que cualquier intimidación (que probablemente influiría sobre los abogados en sentido perfectamente contrario al esperado...), la eficacia moralizadora de los contactos personales directos entre el abogado y el juez. Cuando el defensor se vea sentado ante el juez instructor que le hablará de igual a igual como a un amigo, considerará como un compromiso de honor no traicionar con un comportamiento desleal a quien pone en él plena confianza: el respeto del juez le será sugerido, más que por la admonición escrita en el Código, por el respeto a sí mismo y por su mismo amor propio.

Abogado primero.- Me agrada oír al amigo juez hablar con tanta comprensión y simpatía de los abogados. Si todos los jueces pensaran como tú, deberíamos dar las gracias al nuevo Código por haber restablecido entre los abogados y los magistrados no sólo la colaboración, sino también la amistad...

Juez segundo.- Los abogados deberán, por otra parte, recordar que traicionando su deber de lealtad no harán un buen negocio. Hay en el nuevo Código una cierta disposición que permite al juez obtener indicios para la decisión de la causa del modo en que las partes se comportarán en el nuevo proceso. Conducta de las partes quiere decir conducta de los defensores: quienes, por consiguiente, harán bien en no olvidar que teniendo en juicio un comportamiento... (cómo diré) demasiado abogadil correrán el riesgo de indisponerse con el juez y de hacer un mal servicio a su cliente.

Abogado segundo.- ¿Existe verdaderamente en el nuevo Código una disposición de esta especie?

El teórico.- Ciertamente: hay un artículo que literalmente concede al juez el poder de deducir argumentos de prueba del comportamiento de las partes en el proceso.

Abogado segundo.- ¡Pero éste es un poder más que homicida! Si un arma semejante se pone en la mano de un enfermo del hígado, la suerte de las causas se encontrará abandonada a merced de las fluctuaciones biliares del juzgador...

La conducta de las partes y de los defensores vendrá a ser, en la valoración del juez, un juego de simpatías o de repugnancias personales: ¿por qué no se prescribe, de una manera absoluta, que en todo proceso el juez instructor esté obligado a dar a los abogados una calificación en conducta, como se hace en el colegio?

El teórico.- Tú miras siempre las innovaciones bajo una luz de pesimismo, que te las hace aparecer como más peligrosas de lo que en realidad son. No hay duda de que el poder concedido a los jueces de deducir elementos de convicción del comportamiento de las partes tiene sus peligros; y los jueces deberán habituarse a servirse de este poder con mucha cautela (vosotros sabéis, por lo demás, que los jueces se inclinan más bien a no usar los poderes que tienen, que a arrogarse aquellos que no tienen...). Pero, en suma, esta disposición está hecha no para la gran mayoría de los abogados, sino para aquellos poquísimos que han creído hasta ahora que el sumo arte del defensor consiste en las insidias y en las fintas. Para quitar crédito a estos maestros del fraude, a estos especialistas en esgrimas engañosas, el nuevo Código ha hecho otra cosa mejor que fulminar prohibiciones y multas sin finalidad: se ha limitado a advertir a los defensores que en el nuevo proceso los embrollos no están prohibidos, pero que, empleándolos, se contribuye a entregar la causa vencida al adversario. Es fácil prever que el clima del nuevo proceso no favorecerá el desarrollo de aquella mala planta de los juicios que se llama maquiavelismo procesal: y que los abogados más embrollones cesarán de ser los más buscados por los clientes. De ahora en adelante, el arte del defensor se manifestará, sobre todo, en saber ganarse la confianza del juez: sus cualidades más apreciadas serán, de ahora en adelante, aquellas virtudes morales que se resumen en una palabra: el *carácter.*

(Pausa: todos los interlocutores parecen satisfechos de esta conclusión, y llenos de buenas esperanzas. Pero cuando van a separarse en un espíritu de concordia, una última curiosidad del abogado segundo, siempre pesimista, hace encender de nuevo la discusión).

Abogado segundo.- Antes de separarnos, querría exponeros todavía una última duda que me atormenta. Estamos en este momento todos de acuerdo, me parece, en reconocer que el nuevo Proceso Civil introducirá en las relaciones entre magistrados y abogados un cambio muy profundo, sobre todo en el sentido de que los contactos entre ellos se harán mucho más estrechos y más frecuentes. Pero ¿estáis desde luego seguros que todo esto servirá para reforzar el carácter de los profesionales, esto es, aquel sentimiento de dignidad y de altiva independencia moral que hasta ahora era el orgullo de los mejores de nosotros? Si, como decís, la primera habilidad del defensor consistirá en conquistarse la estimación del juez, ¿no es de temer que, poco a poco, el arte de los abogados se reduzca a ser una sistemática *captatio benevolentiae,* un refinado alarde de hipocresías hecho para ablandar a los magistrados y para conquistarse a cualquier precio sus favores?

Abogado primero.- La cuestión planteada me parece bastante sensata...

Abogado segundo.- El amigo profesor nos ha explicado que en el nuevo proceso el juez instructor estará sentado con los defensores en la misma mesa, y tratará con ellos *de plano,* sin subir al estrado; y en esta aproximación sobre el mismo plano material ha querido ver el símbolo de su nivelación moral. Pero después, el mismo amigo profesor nos ha explicado que, en el nuevo proceso, el juez tendrá poderes mucho más vastos y enérgicos de los que tenía hasta ahora: y entonces, si la autoridad del juez aumenta, esto llevará consigo, naturalmente, un aumento de desnivel psicológico frente a los abogados. El juez se sentirá investido cada vez más de sus poderes y asumirá, sin darse cuenta de ello, una psicología autoritaria: adoptará tono de déspota.

Juez segundo.- Pobre déspota con esta toga raída...

Abogado segundo.- ...y a nosotros los abogados, para tratar con los jueces, no nos quedará otro arte que el que se emplea, desde que el mundo es mundo, para ir de acuerdo con los déspotas: la inclinación servil de los cortesanos. ¿Os imagináis, amigos míos, al abogado que se arrastra, al abogado servicial que hace carantoñas para resultar simpático y ser bien recibido por su juez? Yo lo estoy viendo ya: el abogado primero de la clase que espera al magistrado en la esquina para tener el gusto de hacerle una inclinación y de dedicarle una sonrisa, que toma su mismo tranvía para sentarse a su lado y para ayudarle a descender en la parada... En tiempos, cuando en algunos foros de Italia estaba tolerado que los abogados, después de la discusión pública, acudieran a casa del relator a hablar privadamente con él, se había formado una categoría de abogados especializados en dar estas "informaciones", los cuales, por su habilidad en soplar en la oreja al juez las palabras insinuantes, se llamaban abogados "auriculares". ¿Asistiremos, pues, a la resurrección del abogado "auricular", con todo su bagaje de astutas adulaciones y de melifluas comadrerías? ¿Y el resultado último de la oralidad consistirá, por tanto, en trasformar al abogado de audiencia en abogado de corredor?

Juez primero.- Si estos discursos no tuvieran lugar entre amigos, diría que son ofensivos, sobre todo, para nosotros los magistrados... Para demostrarte la falta de fundamento de estos temores tuyos, se te puede hacer observar que esta aproximación personal más estrecha entre abogados y magistrados, que se producirá en la fase instructoria, estará siempre controlada por el contradictorio, en el cual no habrá lugar para estos líos de baja cocina que tanto te hacen pensar: incluso, y precisamente porque serán tan fáciles en instructoria los contactos directos y abiertos entre los defensores y los jueces, resultará más rigurosa aquella norma de elemental corrección forense por la cual los jueces deben abstenerse de recibir informaciones privadas, esto, es extrajudiciales, sobre las causas que tiene en decisión. Me parece, en segundo lugar, que tú estás completamente despistado cuando temes que el acrecentamiento de los poderes conferidos por la nueva ley a nosotros los jueces pueda daros en la cabeza: tú confundes, mi querido amigo, entre el juez como órgano judicial y el juez como hombre. Aun cuando los poderes del órgano judicial se aumenten, no por esto dejaremos, nosotros los jueces, hechos de carne, de sentirnos pobres criaturas frágiles, sujetas a equivocaciones al igual que vosotros los abogados.

Abogado segundo.- Demuestras, al razonar así, que no comprendes el veneno embriagador que es para el hombre, hecho de carne, el ejercicio del poder: y lo fácil que es, a quien se encuentra investido de autoridad sobre los otros hombres, olvidar su naturaleza terrena e imaginarse haber llegado a ser diferente de ellos.

Juez segundo.- No temas, no temas, querido amigo: en cuanto a nosotros, para recordarnos nuestra naturaleza terrena, nos basta cada mes el sueldo...

El teórico.- Querría haceros también considerar que el nuevo Código, si de una parte ha aumentado notablemente los poderes de los jueces, de otra parte, sin embargo, ha querido, mediante disposiciones especiales recordarles, que, no obstante este reforzamiento de autoridad, no se han convertido en omnipotentes.

El nuevo Código, en efecto, ha reafirmado el derecho de las partes de accionar en vía civil contra los jueces que contravengan de un modo grave a sus deberes: desde el punto de vista práctico, esta disposición tendrá, por fortuna, escasísimas ocasiones (acaso ni siquiera una) de ser aplicada; pero, sin embargo, su importancia, llamémosle pedagógica, es grande, porque la misma recuerda, a quien quisiera olvidarla, esta simple verdad: que la majestad de la función no hace infalible al funcionario.

Y, aparte de esto, hay en el nuevo Código otra disposición en la cual se recuerda que si los defensores faltan a sus deberes, no corresponde a los magistrados, sino solamente a las autoridades profesionales, ejercer sobre ellos el poder disciplinario; con lo cual se reafirma que el arco de la justicia, si de una parte se apoya en la independencia de los jueces, se desplomaría si en la otra parte no encontrase apoyo en la independencia de la abogacía.

Abogado primero.- Y además, creedme, más que en los artículos de los Códigos, es necesario tener fe en el natural buen sentido y en la humanidad de los magistrados; los cuales sabrán, por sí mismos, hacer buen uso de los poderes que se les confieren por la nueva ley, y sabrán desilusionar inmediatamente a los abogados que, para ganarse la benevolencia del juez, crean que pueden servirse de bajos expedientes cortesanescos. El ejercicio cotidiano del juzgar, este contacto de toda la vida con las miserias humanas, ha enseñado a los jueces a distinguir cuáles son las virtudes que verdaderamente cuentan en el hombre y a pesar los caracteres y las conciencias. Esta modestia de vida, esta soledad casi ascética en que ellos se colocan, da al espíritu de los jueces una misteriosa clarividencia casi magnética, obedeciendo a la cual los mismos, aun a través de iniciales incertidumbres y oscilaciones, consiguen siempre, al final, orientarse hacia la honestidad. No te desalientes, pues, amigo pesimista, por la idea de que el nuevo proceso pueda favorecer la mala planta de los abogados de corredor; ellos (aunque no deje de haberlos) se darán cuenta, a su costa, de que la estima de los jueces, como en general la estima de los hombres, no se dirige hacia la vileza humillada y los halagos serviles, sino hacia la virilidad y la franca dignidad, que han sido siempre las condecoraciones más preciosas de nuestra toga, oscura, pero pura.

Abogado segundo.- En fin, tú quieres ser optimista a toda costa...

El teórico.- Y me parece que hace bien. También yo, al atreverme a hacer algún pronóstico sobre el nuevo Código, me siento decididamente inclinado hacia el optimismo. Pero es necesario que se trate de un optimismo *activo;* es necesario que magistrados y abogados se pongan al trabajo de buena gana, para hacer que esta reforma de la estructura visible del proceso vaya acompañada de una reforma de la costumbre, que opere más adentro, sobre las conciencias y sobre los espíritus.

El ingenuo.- Querrías decir, en suma que la finalidad verdadera de esta reforma corresponde precisamente, si no he entendido mal, aquel deseo que yo, como ignorante, os expresé al principio de nuestra primera conversación: hacer el proceso inteligible también a los profanos, devolver a las relaciones entre los abogados y jueces simplicidad y naturalidad, como las que se acostumbran en las relaciones entre la gente común.

El teórico.- Volver a la naturaleza, precisamente: o, como se ha dicho también, volver a la humanidad. Varias veces, en estos discursos nuestros, el deseo de expresarnos con un lenguaje inteligible incluso para un profano en cosas jurídicas, nos ha inducido a comparar el proceso con una máquina; pero lo esencial de esta reforma está precisamente en lo contrario: es necesario que los jueces y los abogados, al servir a la justicia, se sientan, no máquinas, sino hombres, y que se esfuercen en dar a todas sus relaciones la elasticidad, la simplicidad, el carácter genuinamente libre, el calor de comprensión, que se resume, en Italia, en la palabra *"humanidad"*. Es necesario que magistrados y abogados se den cuenta de que, si la diversidad de sus funciones los lleva a encontrarse en el proceso en posiciones aparentemente contrapuestas, esta contraposición aparente es, en el fondo, sustancial comunidad de deberes y de fines, sumisión a la misma fe. También los abogados, con su parcialidad, sirven a la justicia, porque en el choque de sus parcialidades está contenida la síntesis de la imparcialidad de los jueces: los cuales deben persuadirse de que sólo del choque de las libres opiniones puede nacer, ante su mesa, la chispa mágica de la verdad.

Abogado primero.- De esta comunidad de deberes y de sacrificios que hermana a los magistrados y a los abogados, y les da fuerzas para hacer callar las angustias de sus corazones, a fin de servir serenamente los más altos fines, he visto últimamente, con mis propios ojos, una prueba inolvidable, que tiene el valor de un símbolo. Era defensor en Casación de la parte recurrida: sentado en mi escaño, escuchaba a mi contradictor que, en pie a mi lado, dirigiéndose a la Corte, hablaba, en primer término, para sostener el recurso. Completamente abstraído en la demostración de su tesis, su discurso era sereno, persuasivo, bien construido; parecía que el mundo exterior no existiera en aquel momento, para él: no había entonces otra cosa que el cliente que le había confiado sus razones, y que la sucesión de argumentos que utilizaba para hacerlas triunfar. Y, sin embargo, yo conocía la angustia que latía bajo aquella toga: el abogado era un padre que, en aquellos días, tenía a su hijo en un hospital militar, gravemente herido en combate; su corazón paterno, sin duda alguna, estaba allá en suspenso al lado de aquel hecho; pero de esta ansiedad nada debía trascender en el aula... Al sentirlo hablar con tal dominio de sí mismo, sufría por él: y cuando iba a terminar su discurso sentí el deseo de iniciar mi defensa con una palabra de afecto y de comprensión para su pena, con un voto ferviente por la salvación de aquel hijo suyo en peligro. Pero, en el momento de ponerme en pie, contemplé, entre los rostros de los magistrados atentos a nuestra discusión, uno, más pálido y austero que los otros, el cual me hizo recordar que, también bajo aquella toga de magistrado, había un padre que sufría por un hijo caído en guerra pocos días antes. Entonces no me atrevía ya, frente a él, que, como los otros magistrados del colegio, estaba allí para escuchar argumentos atinentes a la causa, a turbar, con alusiones personales, el austero olvido de sí mismo, que es, para los jueces y para los defensores, el ejercicio de la justicia.

El filósofo.- Éste es, pues, en conclusión, el pensamiento consolador que, en los corazones de los jueces y de los abogados, debe vivificar la reforma del Proceso Civil: recordar que *la justicia es altruismo.*

De las buenas relaciones entre los jueces y abogados en el nuevo proceso civil,
de Piero Calamandrei se imprimió en la República Argentina en noviembre de 2016.

DE LAS BUENAS RELACIONES ENTRE LOS JUECES Y ABOGADOS
EN EL NUEVO PROCESO CIVIL de PIERO CALAMANDREI
se imprimió en la República Argentina en enero de 2018